U0691698

怎一個佛字了得

漫说王维

杨建平 著

中国文史出版社

图书在版编目（CIP）数据

怎一个佛字了得：漫说王维／杨建平著. -- 北京：
中国文史出版社，2025.1
ISBN 978-7-5205-4279-1

Ⅰ. ①怎… Ⅱ. ①杨… Ⅲ. ①王维（699-759）-人
物研究-文集 Ⅳ. ①K825.6-53

中国国家版本馆 CIP 数据核字（2023）第 172265 号

责任编辑：卢祥秋
书名题字：连　辑

出版发行：**中国文史出版社**

社　　址：北京市海淀区西八里庄路 69 号院　　邮编：100142
电　　话：010-81136606　81136602　81136603（发行部）
传　　真：010-81136655
印　　装：廊坊市海涛印刷有限公司
经　　销：全国新华书店
开　　本：880×1230　1/32
印　　张：8.5　　　　字数：185 千字
版　　次：2025 年 1 月第 1 版
印　　次：2025 年 1 月第 1 次印刷
定　　价：66.00 元

图为作者沿着王维出使塞上路线考察，途经宁夏沙坡头时的留影

杨建平，1959 年 9 月生，河南三门峡人。高级编辑，第十三届全国政协委员。曾任中华全国供销合作总社党组成员、理事会副主任。

好读书，爱藏书，勤于笔耕。曾出版有乡土散文集《梨花院落》、经济专著《中国专业农户的致富模型》、藏书手记《一书一票》等。

这本《怎一个佛字了得》，是作者四十年痴心王维的读书心得。

目录

目录

序

康震

我与建平先生因为王维而成为朋友。

第一次见面，他就说："我非常喜欢唐代诗人王维。"这让我多少有些意外，更有几分惊喜。意外的是，建平长期在党政部门和国家供销系统担任领导职务，工作繁忙，却对王维这位唐代大诗人、大画家情有独钟，实属难得；惊喜的是，我也非常喜欢王维，我们都是摩诘居士的铁杆儿"粉丝"，拥有许多共同感兴趣的话题，这真是人生难得的缘分。而且，建平又是中文出身，这就在惊喜之外又增添了几分亲近，我们之间的友谊，很自然地就从王维开始了。

建平先生喜欢王维，从大学时代就开始了。那时，为了搜集研究王维的资料，他将印刷厂的废纸边装订成几本厚厚的册子，用了一年的时间，将《全唐诗》里三百多首王维的诗作，将数十种古代典籍中与王维有关的研究资料，都整整齐齐地抄录在册子上。他还制订了一个雄心勃勃的计划，打算分专题深入研究王维，最终写成一部《王维评传》。

说实在的，在那个生活资料、学习资源都比较匮乏的年代，作为一个刚从农村步入大学的穷学生，建平在业余时间没有去校外兼职打零工，赚零花钱，而是全部用来搜集诗人王维的资料，并且完全凭一己之力，编写出一本建平版的"王维资料汇编"。如果不是对王维的热爱、对王维研究充满着纯粹的热情，是很难坚持完成的。

更难能可贵的是，在走上行政工作岗位后，建平先生对王维依然念念不忘，不离不弃。不管调动到什么工作岗位，不论身在何处，总是不忘将这本"汇编"带在身边。只要有时间，就拿出来读一读，只要遇到新的相关材料，就及时地补充抄录进去，日积月累，蔚为可观，真可以说是达到了痴迷的程度。

因为种种原因，建平先生未能进入学术研究领域。但我想，有了这种纯粹、真挚的执着追求、热爱精神与坚守意志，无论在哪个领域，都一定能够做得成、做得好任何事，也一定没有任何困难能难得倒他。建平在多个工作岗位都取得了显著成就，就是最好的证明。

建平的热爱王维、关注王维，还得益于许多前辈的热忱支持。大学时代，阅览室老管理员给予他的特别关照，北大陈贻焮先生在回信里，对他收集王维资料的悉心指导，内蒙古的杜德敏老师对他长期而具体的支持、帮助。所有这些，都让年轻的建平更加坚信自己的坚持是正确的，自己的热爱是有价值的，自己的付出是有意义的。我想，这些宝贵、无私的支持与鼓励，肯定让他对自己未来的人生、事业更加充满信心，这或许也是建平在事业上取得成功的一个重要原因。

至于王维，在许多人心目中，就是一个安静、高雅的山水田园诗人，似乎没有太多鲜明的个性。一说到盛唐诗坛，人们也大多将目光投向李白、杜甫、高适、岑参等人。其实，王维或许才是盛唐诗歌审美理想的典范标识。他其实并不总在山水田园诗里流连、散步，朝政的起伏，时局的变迁，仕途的忧乐，人世的冷暖，在他的诗作里都有特别的呈现；至于诗材的调度，诗语的生新，诗境的提炼，诗画的相融，诗禅的领悟，更是冠绝当代，一时无两。

建平先生的这部《怎一个"佛"字了得》，就是想给读者讲述一个更为丰富、全面的王维。它以王维的人生经历为经线，人生高光时刻为纬线，经纬交织，纵横笔墨，为我们展现了一个立体的、生动的、可以走近去感受的王维。从这部书里，我们能明显感到建平始终在关注着王维研究的最新动态。他对王维的理解、解读与探究，始终建立在他对王维诗文作品反复研读的基础上，建立在他对学界已有研究成果认识的基础上。所有这些，都使得《怎一个"佛"字了得》的讲述既有作者鲜明的个人特色，又有着普遍的学术认知水准。

我想，对于建平先生来说，这部《怎一个"佛"字了得》的人生与生命意味要大于它的学术意味。它是对自己从青年时代到现在王维热爱之路的一次回顾与总结，是对支持鼓励他的前辈们的一次汇报与感恩，更是对摩诘居士这位心中偶像的致敬与献礼。

王维已经离去千年，但他的诗篇却不断跨越千年，持续激荡在许多人的内心深处。我们对历史回响的追寻与认知，也是在追寻我们自己的心路历程，确认我们自己的人生坐标。一切未来终将成为现在，一切现在终将成为历史，而一切历史，又必然都是当代史。历史的方向，永远都不是指向过去，而是指向未来。

《怎一个"佛"字了得》付梓在即，建平先生数次嘱我作序，我都坚辞不就。之所以最终就范，实在是感佩于他执着的热爱王维之路。我也期待着建平先生将热爱王维之路继续走下去，走出一片更新的诗意天地来。

是为序。

甲辰年冬月

我和王维结缘，始于一本"手抄本"的白皮书。

这是一本关于唐代诗人王维的诗集。开本是十六开大小；纸张是很简陋的低端的白纸；封面是红色油光纸，纸上印过慰问信，只好翻过用白色的一面做封面；装订是用农村妇女纳鞋底用的线绳连缀而成。

我1978年参加高考，进入大学中文专业。当时，有一句很豪迈的口号"为中华之崛起而读书"。

晚上宿舍熄灯后，同学们的黑灯卧谈最是海阔天空。许多人都畅谈梦想或者远大志向，要当科学家、文学家、作家、教师、工程师等等。

我是听不了几个梦想，就自己先进入梦乡了。

我没有梦想和志向。

当时真实的想法是，考学，上大学，就是要当"城里人"，干工作，吃白面馒头，吃肉。至于什么专业、什么家、什么师，离我太遥远。

对文学，我几乎是一张白纸。

因为白纸一张，所以没有固定概念。学习到唐诗时，老师重点讲李杜，一个李白，一个杜甫，一个浪漫主义，一个现实主义。其他诗人都是一点而过。

李白、杜甫的诗，是好，但那时讲解都从马列主义、阶级分析来"开刀"，我听得懵懵懂懂，不怎么走心。课余时间，就去图书馆借了《全唐诗》翻阅。才知道唐诗的海洋有多宽广、有多深邃，才看到唐代诗人的星空有多浩瀚、多璀璨。

在璀璨的夜空中不知哪根筋跳动，忽然我就喜欢上王维这颗星，觉得他的诗，和我在乡村的所见所闻切近，特别入耳入脑，合我口味。

看得多了，觉得他的诗不是山水田园、诗中有画就可以"了之"的。他是怎么把诗和画、和音乐、和佛教融合一体的？他为什么亦官亦隐、亦诗亦禅？为什么他那首《渭城曲》能千古传唱？为什么《红楼梦》里黛玉教香菱学诗，要强调从王维入手方为正途？

钻了牛角尖，就闷着头自己到处找资料，想弄个究竟。但对于王维的研究资料，当时少得可怜。

看了北京大学教授陈贻焮的《唐诗论丛》，就愣头愣脑写信求教。陈老不嫌弃我这个愣头小子的荒唐和幼稚，竟然还回信说，你可以自己就此几个问题读书研究，并推荐清人赵殿成的《王右丞集笺注》，让我先看看。

去新华书店找，没有卖《王右丞集笺注》这本书；我到学校图书馆查，没有这本书；我又到市图书馆查，查到了，但不能带走看。

骑着自行车回学校的路上，我开始发愿：从《全唐诗》中，把王维的诗，一首一首抄出来。

我找亲戚从印刷厂弄来印书裁割下来的废纸边，自己再裁成十六开大小的纸，拿妈妈纳鞋底的线绳，缀成像书一样的本子。白纸上没有格子，抄书怕歪斜，我又用尺子在一张稍微硬一点的纸张上，画出稿纸模样，衬在白纸下面，映出格子，这样抄写的字，就行直字匀。写完一张，再把格子模板移到下一张纸下面，如此往复。

我借来《全唐诗》中有王维诗歌的一百二十五卷、一百二十六卷，开始作业。宿舍、教室、阅览室，只要有空，我就抄一阵子。为了将来批注、补充资料方便，我抄写的时候，每一页周边都留出很大空白。

已经不记得抄了多长时间，我抄完了《全唐诗》里收录的王维所有的诗，共计三百八十六首。

接着，我又抄写《新唐书》《旧唐书》中王维的传记。《唐才子传》中王维的传记，我也顺手抄了。赵殿成的"右丞年谱"，我也造表抄写了。顺带也把王维的文章全部抄了，附在本子后面。基础有了，我开始翻阅各种唐诗注释版本，把王维诗的特殊字词，不同差异或者争议，都抄写在那首诗的旁边。

查阅、抄录、注释的同时，我又开始阅读各类诗话、词话、谈艺录、音乐绘画书籍，摘抄关于王维的诗歌、绘画、音乐的分析评论观点。整篇的文章，抄写后单独附在手抄本后面；只言片语，就摘写成纸条，贴在具体那首诗的旁边。这本手抄的书，旁批、眉批、夹注、纸条，林林总总，成了老和尚的百衲衣。

记得摘抄过此类资料的书有：《唐诗举要》《唐诗别裁集》《青轩诗辑》《分甘余话》《瀛奎律髓》《寒厅诗话》《渔洋诗话》《人间词话》《诗品》《历代诗话》《而庵诗话》《文心雕龙》《漫堂说诗》《全唐诗说》《师友诗传录》《唐诗品汇》《诗话总龟》《沧浪诗话》《诗薮》《梦溪笔谈》《冷斋夜话》

《闲情偶寄》《芥子园画传》《宣和画谱》等。

1980年一年的时间，除了学习课程表上的功课、完成考试外，我几乎把所有自学时间都用来抄写关于王维的这本书或者叫笔记。原来缀好的本子已经抄写满了。我又装订一本同样的书本，继续搜罗有关王维的有价值的研究资料，抄录、摘编、粘贴。

知道这件事并支持我的，有两个人。

一个是阅览室的管理员，我至今不知道他的姓名。

学校的阅览室很多，但我最喜欢去的是图书馆旁边的一个专门对教师开放的阅览室。那里的书报杂志多，人少，看书摘抄资料比较安静。

管理这个阅览室的是一位白发老头，很瘦弱的样子，但也很有几分书卷气。我本没有资格进去的，一次有事去找老师，谈完后就乘机在那里多待了一会儿，一直到剩下我一个人时，那老头也没有赶我走。

下班时间到了，我的一篇文章还没有看完。老头和蔼地说："明天再来看，我替你存起来，不让别人看。"我很诧异地问："真的？我明天还可以来这里看吗？"他笑笑说："可以吧。"接着他又自言自语地说，"追求知识是崇高的事，热爱读书是幸福的事。"当时，夕阳透过窗户照射着他，稀疏的白发一丝不苟，白皙的脸孔沧桑而凝重。

有了他的特许，我就常常混迹于这个教师阅览室，带着我的手抄本，如饥似渴地读我喜欢的书报杂志，抄我急需的资料。许多资料我找不到，他都说，你说给我，我替你找。他总是手到擒来。

时间长了，老头看出我在干什么，就开始和我聊天，他告诉我："做学问就得这样下笨功夫。书，非借无以读，

8

非抄无以记，非写无以悟。"

也许老人是从我身上看到了当年的自己，对我格外关照。天气热了，老师们来看书都常常自带水杯，不少老师的水杯外面还有时髦的编花的杯套。我一个学生偷偷躲在角落里看书，从未喝过水。一天下午，我正在埋头看书，忽然，一个水杯子放在了我的案头。我抬起头，看见老头离去的背影。杯子是一个玻璃罐头瓶，里面不是白开水，而是漂着几片茉莉茶叶。

茶香悠悠地钻进我的鼻孔，我的鼻子酸酸的……

另一个是远在内蒙古一所大学的杜德敏老师。

杜老师出身于洛阳书香门第，自幼琴棋书画无所不通，北师大毕业后抱着诗一般的梦想到内蒙古建设边疆，在一所大学当教授。一次，杜老师回洛阳探亲，他的同学、我的班主任许可权老师拉他到我们学校搞了个美学专题讲座。他讲得妙趣横生，好像对诗、对画都能融会贯通，左右逢源。晚上我就去他下榻的招待所，愣头愣脑地上门求教，并说了自己的想法和手头做的事。杜老师和蔼地和我交谈一会儿，又粗粗看了我写的一篇作业《试论杨朔散文的绘画美》，鼓励我说，基础你已经打下了，方向也对头，只要你能坚持，必会有成果。

杜老师走后不久，我的那篇关于杨朔散文的文章，竟然在内蒙古的学术季刊《文科教学》上发表。当他转寄来样刊时，我才知道他的推荐成就了我。从此，我与杜老师结缘，终身受益无穷。

也是在杜老师的鼓励下，本来只为吃白面馒头而上大学的我，这时也有了梦想：要做一个研究王维的学者。

我雄心勃勃地列出计划，写"王维的诗歌与绘画""王维的诗歌与音乐""王维的诗歌与佛教""王维为何亦官亦隐""王维当时的文坛地位和后世的评价""王维究竟得罪了谁""辋川别业与心灵寄托"等，最终写一本《王维评传》。

大学毕业时，我的志向是到图书馆工作，可以不用掏钱，就可以看许多书，也方便继续我的手抄王维、研究王维。

但是，世上许多事都是因为一个"但是"而改变。我被组织看中，作为定向培养的干部苗子，分配到一个乡政府从事行政工作。

我背着行李卷，坐着颠颠簸簸的长途汽车到一个全国贫困县的乡政府报到。一个窑洞住着我们两个新来的大学生，只有一张三条腿的桌子。

这本渗透着心血、寄托着梦想的手抄本，是我随身携带的宝贝。夜深人静时，我会拿出它，细细阅读。别人看见我总在夜里看手抄本书，还以为我在看黄色小说或者什么禁书，从我手里抢过去，又看不明白这是什么破玩意儿。就说，这个学生娃真球怪！

在抄录、学习、积累的基础上，我开始写作，把东找西凑的资料，归类、串联、比较、引申。

我把自古以来各种有名的送别诗梳理、比较，试图探究为什么王维的这首《渭城曲》一枝独秀，传唱千古。从意境优美、感情真挚，语淡情深、雅俗共赏，富有动作、易于演唱，音节舒展、取韵切情，典型概括、高度集中，词曲融洽、珠联璧合六个方面论述分析，形成六千余字，题目叫《三叠阳关唱，千古送别曲》。

我寄给远在包头的杜老师，他又一次推荐，发表在内蒙古一家学术期刊。

那时，学术型杂志、学报很少，发一篇文章何其难哉。为我连续推荐发表两篇文章，可见杜老师在学术界的德望和对晚生后辈的厚爱。那时，正是改革开放初期，农村鼓励推行联产承包，"分田分地真忙"；同时也是计划生育攻坚克难时期，催粮派款，刮宫流产，也是乡村工作的重点难点。我常常参加包村工作组，跟着老同志下乡驻村，与老百姓同吃同住同劳动。

我的铺盖卷里，这本书是必需品。白天在山野游走，我会吟诵"空山新雨后，天气晚来秋"；山路树荫里歇息，我会想到"独坐幽篁里，弹琴复长啸"；到水库工地，我会想起"行到水穷处，坐看云起时"；路遇砍柴老翁，我眼前就会蹦出"欲投人宿处，隔水问樵夫"。夜晚在油灯下，我翻看着这本书，犹如幽会初恋的情人，从中获得许多安慰、滋润和鼓励。

后来，到县里工作，到地区工作，到市政府工作，到报社从事新闻工作，每一次搬家，别的东西我不管，但这册手抄书，我必须亲自单独装袋子，亲自带到新家，再亲自安放到一个妥当地方。

工作越来越忙，生活越来越好，到报社工作后，也算是专业地从事文字工作，但我知道，此文字非彼文字，离当年的"梦想"越来越远了。

我不奢望研究、写学术文章了，也不再去到处找资料为这本书增加厚度了。只是把这本书作为一个心爱之物，走哪儿带哪儿，时不时翻看几页，把玩一阵，自我满足，感觉重温旧梦的美好。偶有所得、所感、所悟，也顺手记在书页的旁边。

当然，看到新奇的资料，我还会抄写纸条贴或者夹在书里。

比如，熟知梵文的陈寅恪教授在清华国学院给研究生讲佛学典籍校勘，曾说，唐人译佛经采取音译，出了很多错误。他举例说，唐代诗人王维，字摩诘，在梵文中"维"是降伏的意思，"摩诘"则是指恶魔。如此说来，王维就是名降伏，字恶魔了。我觉得闻所未闻，就摘录补充在手抄本里。

还有美国人司徒雷登，他是燕京大学创始人，又担任过美国驻华大使，1962年病逝于美国。这个正宗的美国人，虔诚的基督徒，却在临终时指定自己的葬礼上用王维的名曲《阳关三叠》为他送终。这段逸事我也补充进书里。

一次出差到广东新兴县国恩寺，看到王维为禅宗六祖慧能撰写的《六祖能禅师碑》，我也拍照，集纳在书里。

纸张本来就不好，我又时常翻看，先是书脊开始出现裂痕、裂口，我用医院用的白胶布裹贴加固，后是书页发脆，翻阅时不慎就会折断，我用透明胶纸粘贴折开的缝隙。

2000年女儿考上大学，临行前，妻子特意找出我这本书，对女儿说，这是咱们家的传家宝，你看看，你老爸当年上大学是什么条件，是如何吃苦用功，几十年又是怎么坚持如一。

2001年，我只身来北京工作，除了简单的行李，只把这个不是书的"书"，带在身边。其余三大柜子的书，都留在了老房子，后来大多又捐献了。

北京的购书、看书条件好多了，我开始重新装备书架，各类书籍琳琅满目，《王右丞集笺注》《王维诗选》《王维诗集注》《人间最美是清秋——王维传》《王维研究资料汇编》《纵横论唐诗》《闻一多论唐诗》《叶嘉莹说初盛唐诗》等，我也购买备齐。我到过国家图书馆、北大图书馆、清华图书馆。但精美的新书，豪华的图书馆，都找不回当年一笔一画边抄边读的求知欲望，也没有我在农村油灯下读这个手抄本的心灵享受。

有了百度、谷歌，寻找王维的研究资料和最新研究成果，已经易如反掌。但对于我来说，只有看这本手抄本，才能进入王维的精神世界和他营造的文学殿堂，过去的所学所思才会一下子活跃起来，所有的知识如闻"集结号"一般，兴奋地集结起来。

后来，写新闻、写公文，遇到卡壳时，百般无奈，坐卧不宁，我就会翻阅这本书，就会有所顿悟、有所突破，或者文思泉涌，又能继续写下去。

工作生活中遇到烦心事，我也会一个人静静在书房拿起它翻看，慢慢就会气定神闲、心平如水。

2012 年，单位的年轻人举办"五四读书分享会"，地点特意选在北京国子监。我小心翼翼地带了这本书，与同事们分享我的读书生活。多年金屋藏娇的手抄书，才第一次公示于人。单位的年轻人看到它，一是笑话我的行状"如抱着十世单传的婴儿"，二是大发感慨："没有百度的日子，多苦啊！"

现场有一名聘来的书评人，见此"一物"，莫名惊诧地看着我，"这是哪里的古董宝贝？"

2016 年母校建校一百周年，有人建议我把这本书捐给学校，我思考再三，还是没有舍得，我怕它离开我后，没有人像我这样真心珍爱它；我更害怕身边没有它，心里发空，没着没落。

写到这里，我又拿起这本书，久久地凝视，许多当年批注的蝇头小字，如今眼睛花得看不真了，只是当年的情景还历历在目。

虽然它发黄发脆犹如美人迟暮，但幽香沉沉，滋味绵长。

青春之歌

　　唐代诗人里高手如林，但王维排名一直在前三，"诗佛"的名号，也一直被广泛尊称。

　　其实所谓"诗佛"，是后人总括其一生的诗歌创作加冕的尊号。王维并不是一开始就那么"佛系"，他本是一枚玉树临风的天才美少年，他也有过年少轻狂的岁月和豪侠意气的青春之歌。

一

　　王维在唐代诗人中，一是出身好，二是起点高，三是成名早。

　　王维出生于唐代五大贵族之一的"太原王姓家族"，母亲又是五大贵族之首的博陵崔家之女，父母算是贵族联姻，贵上加贵。王维的高祖王儒贤曾担任赵州司马，曾祖王知节曾担任扬州司马，祖父王胄担任朝廷协律郎，王维的父亲王处廉官至汾州司马。这种贵族官宦家族的优渥条件，使王维自小受到良好的家庭传统教育，诗词歌赋，琴棋书画，无一不通。他的音乐才能及其琵琶的演奏技艺，来自其祖父的家传，他的绘画才能启蒙于他的母亲崔氏。

　　王维天资聪慧，少年成名，《新唐书》说他"九岁知属辞"，说明他在九岁时已经写过拿得出手的诗歌文章。至少在家乡蒲州那个圈子里已经很有名气。

我们目前能看到的王维最早的诗歌，是他十五岁时写的《过秦皇墓》。

那是唐开元三年（715）他第一次离开家乡，从蒲州走向长安，途中路过骊山秦始皇的墓地，思接千载，感叹古今，咏诗一首："古墓成苍岭，幽宫象紫台。星辰七曜隔，河汉九泉开。有海人宁渡，无春雁不回。更闻松韵切，疑是大夫哀。"

这首诗在王维的诗作中，不甚出名，一般读者几乎不知道。但从这首诗可以看出一个十五岁的孩子出手不凡：把秦始皇墓的极尽奢侈由外及里地描写，充满神奇妙笔，尤其是中间四句，把看不见的地宫，写得如在眼前，且暗含讽喻。结尾的感慨委婉含蓄，更显少年老成。

历史知识的熟稔，诗词格律的严谨，意境创造的娴熟，胸襟气象的开阔，很难想象这是出自一个十五岁少年的手笔。

从这首诗中，可以看出王维到达长安前的起点已经很高，他本人的天赋、才气、修养、见识等已非寻常少年可比，"诗中有画"的诗风也已初露端倪。

清代叶矫然说：同题始皇陵墓诗，王维"星辰七曜隔，河汉九泉开"，许浑"一种青山秋草里，路人惟拜孝文陵"，元好问"无端一片云亭石，杀尽苍生有底功"，侈语、冷语、谩骂语，各有奇妙。(《龙性堂诗话》)

这也是独具眼光的评价。

二

唐代皇族有鲜卑人血统，自身带有浓厚的游牧文明的基因。所以唐代尤其是盛唐，有尚勇好武崇侠义的风尚。王维虽出身世家，雅好文学，但正值十几岁的青春年华，又处在长安"崇武好侠"的氛围里，骨子里豪侠意气也被激发出来了。这一时期王维写了大量充满青春朝气、豪侠意气、昂扬志气的诗歌。

最具代表性的是《少年行》一组四首诗，这是王维的"青春之歌"，也是当时盛唐时期的少年精神的典型体现。

> 新丰美酒斗十千，咸阳游侠多少年。
> 相逢意气为君饮，系马高楼垂柳边。
>
> 出身仕汉羽林郎，初随骠骑战渔阳。
> 孰知不向边庭苦，纵死犹闻侠骨香。
>
> 一身能擘两雕弧，虏骑千重只似无。
> 偏坐金鞍调白羽，纷纷射杀五单于。
>
> 汉家君臣欢宴终，高议云台论战功。
> 天子临轩赐侯印，将军佩出明光宫。

四首诗就像一个四幕话剧一样，第一首写"相逢豪饮"，"相逢意气为君饮"的飒爽痛快，让人读之血脉偾张；第二首写"出征豪迈"，"纵死犹闻侠骨香"的英雄气概，无疑是盛唐精神的最强音；第三首写"征战神勇"，"虏骑千重只似无"的横扫千军，驰骋疆场、武艺超群的形象跃然纸上；第四首写"凯旋庆功"，"高议云台论战功"的论功行赏，挂印出官的英雄少年威风八面，张扬着自信和浪漫。

这四首诗，精彩叙述了一个青春少年的成长故事，也完美塑造了英雄豪侠形象，字里行间侠气激荡、文采张扬，也体现了王维当时的"少年壮志不言愁"。

林庚先生在其《中国文学简史》里说得好："在盛唐解放的高潮中，王维主要的成就，就是那些少年心情的、富有生命力的、对于新鲜事物敏感的多方面的歌唱，那也是当时诗歌的主流。"

三

王维宦游两都，是为了追求伟大梦想而来。所以他在长安洛阳不仅结识许多豪侠少年，引为知己，还要走入上层社会，以便取得援引，求得功名。

虽然他才名远扬而被许多"豪右贵势之门"拂席迎之，奉为上宾，但迟迟得不到真正的"援引"。功名之事，茫然无助，心中不免惆怅。

写了长安少年的热血，寄托了梦想，也该写写洛阳女儿的华丽，描写另一种生活形态，表现另一种心思：

> 洛阳女儿对门居，才可颜容十五余。
> 良人玉勒乘骢马，侍女金盘脍鲤鱼。
> 画阁朱楼尽相望，红桃绿柳垂檐向。
> 罗帷送上七香车，宝扇迎归九华帐。

狂夫富贵在青春，意气骄奢剧季伦。
自怜碧玉亲教舞，不惜珊瑚持与人。
春窗曙灭九微火，九微片片飞花琐。
戏罢曾无理曲时，妆成祗是熏香坐。
城中相识尽繁华，日夜经过赵李家。
谁怜越女颜如玉，贫贱江头自浣纱。

这首《洛阳女儿行》是王维十六岁所写。一个十六岁的少年，饱蘸青春激情，书写十五岁贵族少女的华彩乐章，把这位少女生活的奢靡、婚礼的豪华、婚后的富贵，写得摇曳生姿，活色生香。

"画阁朱楼尽相望，红桃绿柳垂檐向"，勾画出豪宅大院的气势，用色艳丽，极具视觉冲击力；"罗帷送上七香车，宝扇迎归九华帐"，婚礼器具的奢华、迎送仪式的排场，恰似流动的画面；"春窗曙灭九微火，九微片片飞花琐"，通宵达旦的婚宴游乐，只用"九微火"这一特殊细节来点睛，真正经历富贵的人，才有此语；"戏罢曾无理曲时，妆成祗是熏香坐"，写奢华背后短暂的宁静甚或一丝淡淡的落寞，形神兼备。"谁怜越女颜如玉，贫贱江头自浣纱"，笔锋一转，从洛阳跑到越溪，从贵妇落笔到浣纱女，一句"谁怜"，正是王维当时内心深处的喟叹。

清人黄周星说："通篇写尽娇贵之态，读至末二句，则知意不在洛阳而在越溪。"（《唐诗快》）

北大陈贻焮教授则说："越女虽美，却无人爱怜。借以慨叹世事不平。"（《王维诗选》）

九九重阳,登高望远,是古代的习俗。漂在长安的王维,十七岁那年也随着节日习俗,登高望远。从十五岁来长安,江湖水深,人情冷暖,三年来,万般滋味尝个遍,如今登高遥望故乡,不禁感慨万端,吟诗一首:

> 独在异乡为异客,每逢佳节倍思亲。
> 遥知兄弟登高处,遍插茱萸少一人。

这便是王维的成名作《九月九日忆山东兄弟》。那年他十七岁。

第一句,一个"独"字,两个"异"字,一下子把漂泊在外的游子的孤独形容殆尽。第二句,着一"倍"字,使佳节思亲的感情浓上加浓。

接下来,不说自己如何思念亲人,反过来,从对方开始着墨:远在家乡的兄弟们登高望远,遍插茱萸祈福,觉得少了我而惋惜、思念。以对方的登高欢聚,写自己的孤单思念。

前两句起调高,分量足,用情浓;后两句承接得妙,转换得妙,收束得妙。

全诗字法句法章法,无一不妙,"诗到真切动人处,一字不可移易也"(《诗境浅说续编》)。

正是这首诗,使王维火遍长安城,并引起岐王李隆范的关注,开始时来运转,考中进士,走上仕途。

从十五岁走向长安,到二十一岁考中进士,这六年是王维青春勃发的最美年华，视野打开，交游广泛，诗歌创作也如井喷般迸发。他结交青年豪侠，写出《少年行》的青春潇洒；他渴望建功边塞，写出《李陵咏》《燕支行》的慷慨悲歌；他向往山水田园的宁静隐逸，写出《桃源行》的纯美烂漫；他进入上流社会，写出《从岐王过杨氏别业应教》的车骑笙歌豪华夜游；他思念家人，写出"独在异乡为异客，每逢佳节倍思亲"的千古绝唱；他同情弱者，勇敢地写出《息夫人》，使卖饼者夫妻团圆；他感慨世事不平，写出《洛阳女儿行》，抒发怀才不遇的喟叹。

王维的这些充满青春朝气、豪侠意气、昂扬志气的诗歌，早年读之，常常有按捺不住的冲动，要发奋、要燃烧的感觉张满全身。如今读之，常常"会勾起我们自己生命中曾经有过的一刹那的快乐、狂喜"（《蒋勋说唐诗》）。

彷徨与呐喊

唐开元九年（721）春，王维考中进士，旋即就任太乐丞，掌管皇家朝会、宴会、祭祀等大型活动的音乐歌舞礼仪。不想几个月时间就栽了跟头，当年秋天，王维就因"伶人舞黄狮子"的乌龙事件受牵连，被贬到济州当司仓参军。

大喜大悲顷刻间。这一跟头，跌得王维满腹委屈一脑门彷徨。

离开长安前的那首《被出济州》是王维人生的转折点，也是他诗歌创作的拐点。

> 微官易得罪，谪去济川阴。
> 执政方持法，明君无此心。
> 闾阎河润上，井邑海云深。
> 纵有归来日，各愁年鬓侵。

这首诗的题目，《全唐诗》《河岳英灵集》用的是"初出济州别城中故人"，今人选本多用"被出济州"为题。

诗中最后一句，有"各愁年鬓侵"和"多愁年鬓侵"两种版本。从伶人舞黄狮子这个特殊事件的当时情景推断，我觉得还是"各愁年鬓侵"更接近王维的"真实愿意"，也

8

更好照应了送行的朋友们。

诗里写道：我这样的小官吏，莫名其妙就获罪了，被贬到济水南侧的济州。执法者是按规矩办事，皇帝也没有责罚自己的意思。济州这个地方城墙临近黄河，街巷又靠近海边。纵然我归来长安，我们大家都鬓染霜雪了。

这首诗写得语气平和，节奏松弛，好似无怨无悔，实在"一肚子委屈"。封建王朝的官员受到处分，再冤枉，都得端正态度，叩谢隆恩，所以王维才有"执政方持法，明君无此心"的诗句。

沈德潜在《唐诗别裁集》里说得一针见血："明君"句，亦周旋，亦感愤。

同样是二十一岁的王维，青春的张扬畅快没有了，诗里满满都是隐忍和无奈。

在去往济州的路途中，王维写了一组纪行类诗歌，发挥了他诗中有画的特长，写得情景俱佳，但格调基本是忧郁感伤的。有一首《宿郑州》，其中的"他乡绝俦侣，孤客亲僮仆""此去欲何言，穷边徇微禄"道尽诗人一路的孤单和苦闷。

一

在济州司仓参军的几年间，王维几乎没有写过与自己本职工作相关的文字，可见他对这个职务毫无兴趣。

不过，在边远的基层任职，也使王维看清了官场冷酷、江湖水深，看清了人情冷暖、世事叵测，也使王维走出京城繁华的虚幻，接近底层民众生活，换个角度看待社会人生。

这一时期王维留存的诗歌中，他写了访问乡野贤士的

《济上四贤咏》，写了与道教、佛教高人交往的《寄崇梵僧》《赠东岳焦炼师》，写了楚辞风格的《鱼山神女祠歌两首》，也写了渴望友情、珍惜友情的《赠祖三咏》《齐州送祖三》《送孙二》《淇上送赵仙舟》。

可以看出，王维这一阶段的诗歌在视野、心胸和思想深度上发生了较大转变。他不再留恋贵族的奢华、浓艳，开始亲近自然、游览山水，开始寻访隐者、亲近高人，开始抨击时弊、愤世嫉俗。

《济上四贤咏》其实是王维借别人酒杯浇自己忧愁，通过对四个乡野贤士的咏叹，表达自己的心理追求和人生志向。其中"崔录事"一首，更能代表王维此一时期的心理状态。

> 解印归田里，贤哉此丈夫。
> 少年曾任侠，晚节更为儒。
> 遁迹东山下，因家沧海隅。
> 已闻能狎鸟，余欲共乘桴。

诗的开头一联，就赞颂解印归田的崔录事"贤哉此丈夫"。接着说崔录事的少年任侠豪情义气，晚年的儒雅闲适。现在避世隐居乡野，悠闲生活。最后两句，用《列子》里的典故，夸赞崔录事无欲无求无心机，用《论语》的典故表达自己向往这样的人生，愿意与他一样"共乘桴"。

二

面对官场的种种不如意，王维羡慕隐居乡野的贤士高人，但又有许多尘世牵绊，他开始在"求仕"与"求隐"

之间矛盾焦灼，他的《偶然作》（其三）写道：

> 日夕见太行，沉吟未能去。
> 问君何以然，世网婴我故。
> 小妹日成长，兄弟未有娶。
> 家贫禄既薄，储蓄非有素。
> 几回欲奋飞，踯躅复相顾。
> 孙登长啸台，松竹有遗处。
> 相去讵几许，故人在中路。
> 爱染日已薄，禅寂日已固。
> 忽乎吾将行，宁俟岁云暮。

他很想归隐山林，但无奈他是家中长子，弟弟妹妹还需照应，"几回欲奋飞，踯躅复相顾"。

求仕不顺心，求隐放不下，王维的纠结痛苦自不待言。

三

四年任期期满后，朝廷并未召王维回朝，而是改派淇上，仍然是"此去欲何言，穷边徇微禄"。王维很郁闷，就结婚，以此解脱苦闷。不料妻子又难产而死。

双重打击，王维心情极其低沉，时有愤世嫉俗之作。

> 楚国有狂夫，茫然无心想。
> 散发不冠带，行歌南陌上。
> 孔丘与之言，仁义莫能奖。
> 未尝肯问天，何事须击壤。

复笑采薇人，胡为乃长往。

这是王维《偶然作》第一首，一改往日温文尔雅、韵味十足的诗风，王维在诗中仿佛是"快笔速写"式的勾勒，快节奏地一口气呈现出狂人接舆的放浪形骸、傲视一切的形象。

孔子鼓吹仁义道德，他瞧不上；屈原忧国忧民追问苍天，他不屑仿效；击壤而歌的老人，他也没怎么看在眼里；那两个不食周粟的伯夷叔齐，在他看来也是自相矛盾、极其可笑！对世俗看重、歌颂的人与事，他都嗤之以鼻，只管潇洒地"散发不冠带，行歌南陌上"。

黄周星在其《唐诗快》中说："既薄孔孟，复笑叔齐，又不肯为屈原，此狂夫煞是作怪。"

王志清在《王维诗传》里说这是"借高士之名而行骂街之实"。

这一金刚怒目的狂怪之夫，正是王维自己内心矛盾和痛苦的形象外化，也是他内心不平的呐喊。

还有《不遇咏》，更是直抒胸臆、畅快淋漓：

北阙献书寝不报，南山种田时不登。
百人会中身不预，五侯门前心不能。
身投河朔饮君酒，家在茂陵平安否。
且此登山复临水，莫问春风动杨柳。
今人作人多自私，我心不说君应知。
济人然后拂衣去，肯作徒尔一男儿。

开头四句，一口气连续用四个"不"，写出自己的倒霉、失意：向朝廷上书陈述自己的政治见解，没人搭理；退隐田园种豆，又天时不顺，没有收成；眼看别人官场得意，自己却屡受冷落；阿谀权贵、求得利禄的事，我也不愿意干。

接着四句，写自己的落魄、困顿：投靠朋友，隐居他乡，又思念京城的亲人，既然无法相见，那就还是不要再关注杨柳惹人相思，只管流连山水吧。

最后四句，似乎是对朋友表白自己的人生态度和人生理想：我看不起那些自私自利的人，我也不想一直这样默默无为，我想济世致用、功成身退。

虽怀抱经世致用之志，无奈"欲济无舟楫"。在一番痛苦矛盾、彷徨呐喊之后，王维索性辞职离开偏远的淇上，开始四处漫游，走进大自然的怀抱，徜徉于山水之间。

从唐开元十六年（728）辞官，到开元二十三年入朝为"右拾遗"，这六年左右时间，王维的行踪史料记载不明，为后世研究王维的学者留下"盲点"。

从目前的史料分析和他留存的诗歌文章推断，我们不妨把这一阶段视为王维的"沉寂和自省"。

王维曾经是名满京华的"大才子"，又是新科进士，头上有无数光环，心里有 N 个梦想。不料却因一个"伶人舞黄狮子"的乌龙事件，被贬到边远地方看仓库。

委曲求全苦熬四年"秩满"，本想朝廷会召他回京，谁知朝廷又把他安排淇上继续"穷边徇微禄"。

王维不满朝廷对自己的安排，也不适应底层官场的生存环境。不甘沉沦，又出头无望，只好愤而辞职。

此时王维对朝政极度失望，对仕途极度幻灭。加之爱妻早亡，使王维的生存状态、心理状态、创作状态，都降到冰点。

这六年期间，王维一是学佛，二是闲居，三是漫游。

王维在唐开元二十七年（739）撰写的《大荐福寺大德道光禅师塔铭并序》写道："维十年座下，俯伏受教。"由此可知，他在辞官后即拜长安大荐福寺道光禅师学"顿教"，寻求心理解脱。

王维的母亲虔诚向佛，王维自小受其影响，心有佛缘。但他所接受的正规、系统的教育，还是儒家学说，他骨子里的文化基因，还是儒教的经世致用、忠君爱民。当然也是为了考取功名，只能全身心地学习儒家经典。真正的拜师学佛，还是这次辞官后。

在潜心学佛、闲居自省、漫游学道、亲近自然的过程中，王维开始在儒家思想的底色上，涂抹"释"和"道"的色彩，开始"儒释道"融合的探索。从诗歌创作来说也不像之前的青春激扬、格调壮美，也没有愤世嫉俗、批判现实，而是开始达观、淡泊，间或有些消沉。

六年时间，留存在世的诗歌，只有十余首，似乎也没有什么精彩之作。

一

这期间，最值得一提的是他与孟浩然的结识及唱和。

孟浩然比王维大十二岁，诗风和王维接近，都属山水田园派，中国诗歌史上，合称"王孟诗派"。但当时，孟浩然在京城文艺圈还没有什么知名度，唐开元十六年（728）冬，孟浩然来长安应进士科考试，才在张九龄、王维的推举下"风流天下闻"。

关于他们的交往，《新唐书》《唐诗纪事》《唐摭言》《唐才子传》都有一段大同小异的故事：

王维在朝廷上班时间私自邀请孟浩然到"内署"。不料，唐玄宗闲逛到王维那里，王维慌忙让孟浩然躲到屏风后面，自己迎接圣驾。

唐玄宗毕竟是英明君主，看见桌上放着两杯茶，就问王维：有客人？王维只好老实交代：朋友孟浩然来访，因为没有身份，躲避于屏风后。唐玄宗倒也大方，笑道：普天之下莫非王臣，朕早闻孟浩然诗名，那个"气蒸云梦泽，波撼岳阳城"就很有气势嘛，出来见见吧。孟浩然慌忙出来跪拜皇上，唐玄宗就问起最近有什么新作，孟浩然就说昨日刚成一首，唐玄宗让"诵来听听"。

孟浩然摇头晃脑吟诵：

北阙休上书，南山归敝庐。
不才明主弃，多病故人疏。
……

听到这里，唐玄宗打断说："卿不求仕，朕也没有弃卿，奈何诬我？"

孟浩然这才意识到选错了诗，碰了钉子，急忙解释，也无济于事。唐玄宗拉着脸走了。

本是天赐良机，却被孟浩然自己演砸了，孟浩然只好离京回乡。

北京大学已故教授陈贻焮先生，据此推断王维从济州回京后曾在秘书省任校书郎，并进而推测王维在此时结识张九龄（见其《唐诗论丛》）。

不过陈先生的学生陈铁民教授却不认可这一说法（见其《王维年谱》）。许多专家也认为这一段逸事，只能是"逸事"。因为"内署"是指翰林院，王维压根没有在翰林院待过。

二

　　孟浩然不远万里来长安，参加进士科举，落榜后心有不甘，滞留长安谋取仕途，曾经想给皇帝"献赋"来博取功名。

　　王维和孟浩然，这两个诗友，身世、心性完全不一样。一个是自大自傲、热衷于功名而无法实现；一个则是考了进士，当了官，跌了跟头，伤心地逃离官场。

　　官场好似一个围城，王维进去了，受了伤，跑出来了。孟浩然是拼了命要挤进去却不得其门。

　　所以，围城外的孟浩然写道：

> 寂寂竟何待，朝朝空自归。
> 欲寻芳草去，惜与故人违。
> 当路谁相假，知音世所稀。
> 只应守寂寞，还掩故园扉。

　　天天出门去，四处找门路，但却"朝朝空自归"，埋怨当权者不肯相助，感叹"知音世所稀"。

　　当年对王维"虚席以迎"的宁王、岐王、薛王、玉真公主，除了岐王"已薨"外，其他三位都还是当朝贵胄。孟浩然诗中似乎埋怨王维没有助一臂之力。

　　面对朋友的怀才不遇，甚至委婉的求助，王维没有顺着孟浩然的情绪去为他抱不平，而是直截了当地劝勉他：

> 杜门不复出，久与世情疏。
> 以此为良策，劝君归旧庐。

17

醉歌田舍酒，笑读古人书。

好是一生事，无劳献子虚。

从诗中可以看出，王维当时闲居长安，深居简出，既不像过去那样热衷于贵族豪门交际，也无意于仕途经济，更无力为孟浩然疏通关系。他直言劝勉孟浩然："劝君归旧庐""无劳献子虚"。

这一唱一和的两首诗，颇耐人寻味，尤其是王维的《送孟六归襄阳》，一改往日的温和、宽解式劝勉，话说得似乎冷淡，引得后人许多猜想。南宋葛立方在其《韵语阳秋》里就写道："孟君当开元天宝之际，诗名籍甚，一游长安，右丞倾盖延誉。或云，右丞见胜己，不能荐于天子，因坎坷而终。故襄阳别右丞诗云：'当路谁相假，知音世所稀。'乃其事也。"

由此判断，王孟关系不好，甚至敷衍出"王维嫉妒孟浩然而不肯荐之于天子"的说辞。我以为是"以小人之心，度君子之腹"的妄猜之言。

其实，王维当时已经对官场心灰意冷，对皇亲贵胄的交往也心存顾虑。当年伶人舞黄狮子，就是自己与岐王等走得太近而吃了"挂落"，阴影还在，伤痛犹存。他怎么会为孟浩然的功名再去"走门子"？这其中的苦与痛，只有自己明白。作为从未接触上层社会，也没有官场经验的孟浩然怎么会理解呢？况且，王维对孟浩然的狂傲自负知之甚深，也知道他去搞"献赋"之类的把戏，只会徒增笑柄。与其说孟浩然愿意听的话、喜欢听的话，虚情假意地宽慰，还不如直言：回去吧，别再徒劳地献什么赋啦！

泼凉水，有时候才是真朋友！犹如良药苦口。

三

王维在写给好朋友房琯的《赠房卢氏琯》一诗中，借对房琯治理卢氏的夸奖，表达了自己"美政、勤政、善政"的理想，表达了隐居湖山之间、解放自己的志向。

房琯，洛阳人，颇有文才，曾经当过唐肃宗的宰相。唐开元十二年（724），唐玄宗泰山封禅时，房琯撰写《封禅书》一篇及笺启献上。当时的中书令张说"奇其才，奏授秘书省校书郎，调补同州冯翊尉"。后来又辞官，参加"堪令县令举"，授官卢氏县令。

卢氏县，在今天的河南省西南边陲，位于伏牛山腹地，是深山贫困县。唐时，也算是离长安比较远的深山小邑。

诗的开头四句，夸奖房琯勤政忘我，教化百姓："达人无不可，忘己爱苍生。岂复少十室，弦歌在两楹。"有才能的人，到哪里都能干好，别看卢氏县小而偏，房琯却把它治理得歌舞升平。

接着十句，展开描述卢氏的升平景象："浮人日已归，但坐事农耕。桑榆郁相望，邑里多鸡鸣。"说外出的人纷纷归来，安心种田，庄稼长得郁郁葱葱，到处都是鸡鸣声。"秋山一何净，苍翠临寒城。"山清水秀，环境优美。"视事兼偃卧，对书不簪缨。萧条人吏疏，鸟雀下空庭。"长官勤政，胥吏减少，无人诉讼，空空的法庭已经落满鸟雀。

接着，王维写出自己的志向和愿望："鄙夫心所尚，晚节异平生。将从海岳居，守静解天刑。或可累安邑，茅茨君试营。"

我现在的志向已非当年的热心从政，而是向往隐居于

19

湖山之间，摆脱名利的桎梏。也许会打扰您，在此地营建一所茅屋隐居。

面对房琯的官场得意、政治有为，王维没有像孟浩然那样"坐观垂钓者，徒有羡鱼情"，而是"没有羡鱼情"。

四

从辞官到再入仕，其间六年，王维有一项重要活动是漫游四方，寄情山水。

王维游览了华山，写下了气势磅礴的长诗《华岳》。又西出咸阳，过太白山，经大散关，走黄泥岭、黄花川、褒谷、斜谷、子午谷到达剑阁，再沿西南方向穿绵州、汉州，到达益州。

留存的诗以《晓行巴峡》最为脍炙人口，"晴江一女浣，朝日众鸡鸣。水国舟中市，山桥树杪行"，把巴峡山光水色描摹得跃动于眼前。宋代《宣和画谱》记载，有王维七幅《剑阁图》、四幅《蜀道图》，构图气象万千，笔墨疏阔精湛，尤其是独创的"皴擦点染"笔墨技法，惊艳时人，传诵到今。可惜这些画都失传了。

唐开元二十年（732）暮春，王维又从重庆沿长江而下，来到荆州地界，拜望老朋友孟浩然。王维还特地为孟浩然画了一幅肖像，并在画上写了一段落款：维尝见孟公吟曰"日暮马行疾，城荒人住稀"。又吟曰"挂席几千里，名山都未逢。泊舟浔阳郭，始见香炉峰"。余因美其风调，至所舍，图于素轴。

这幅肖像画在唐代很有名，被许多画师争相临摹。只是如今原作已经看不到了，孟浩然的原诗也看不到全貌，只有王维题款里这几句"遗珠"。

在亲近大自然的过程中，王维的身心得到滋养，从郁闷中得以解放。他的诗中有画的诗风，也在这一时期的山水诗中更趋成熟。

不妨读一读他的《清溪》：

> 言入黄花川，每逐青溪水。
> 随山将万转，趣途无百里。
> 声喧乱石中，色静深松里。
> 漾漾泛菱荇，澄澄映葭苇。
> 我心素已闲，清川澹如此。
> 请留磐石上，垂钓将已矣。

"声喧乱石中，色静深松里"用灵动的画笔，把动与静、把视觉和听觉，浑然一体表现出来。"漾漾泛菱荇，澄澄映葭苇"，又是用叠字的神韵，呈现水上风景的微妙。这在王维的诗歌创作中，都是承前启后的佳句，也是他"以画入诗"的探索阶梯。

最后四句，托物言志："我心素已闲，清川澹如此。请留磐石上，垂钓将已矣。"物境与心境合二为一，人与大自然融洽和谐，希望永远留在这里。

五

> 天下大势，合久必分，分久必合。
> 人生日常，忙久思闲，闲久思忙。
> 官场心态，官久思隐，隐久思官。

王维经过六年的沉寂、自省、心理疗伤，观念在转变，心态在调整，心胸在打开，不似过去那样激进、冲动。尤其是学习佛教的"顿教"，知道调整自己，转换姿势，与世界和解，与命运妥协。

在写给内弟的《送崔兴宗》一诗中，已隐约流露出"再出江湖"的意愿：

> 已恨亲皆远，谁怜友复稀。
> 君王未西顾，游宦尽东归。
> 塞迥山河净，天长云树微。
> 方同菊花节，相待洛阳扉。

这首诗写于唐开元二十二年（734）七月。那一年，唐玄宗带着文武百官到洛阳办公，王维的内弟崔兴宗要去洛阳，王维送别写了这首诗。前几句感叹世态炎凉，描画人们的趋炎附势，最后两句却说，自己也要去洛阳和崔兴宗相聚。

看来王维在等待机会、寻找机会。

唐开元二十二年（734），唐王朝发生三件大事：

第一件，这年的二月一日发生了日食，这是一个奇异天象，《资治通鉴》有郑重记载。

第二件，关中地区前一年遭遇涝灾，使得粮食供给出现紧张，《旧唐书·玄宗纪》记载："是岁，关中久雨害稼，京师饥。"

"天子不忍征于不粒、赋于无衣，六军从卫，以临东诸侯，息关中也。"（《京兆尹张公德政碑》）这年正月，皇帝李隆基东巡洛阳，文武大臣都跟随到东都洛阳办公，以减轻长安地区的负担。

第三件，宰相班子更替。《旧唐书·玄宗纪》记载："五月戊子，黄门侍郎裴耀卿为侍中，中书侍郎张九龄为中书令，黄门侍郎李林甫为礼部尚书，同中书门下平章事。"

从上一年十二月张九龄的"起复旧官，并同中书门下平章事"开始，到现在的张九龄、裴耀卿、李林甫三宰并行，共襄朝政。新一届宰相班子组阁完成。

这三件大事后面，发生一件小事：离开官场、闲居六年的王维，在这年秋天也来到东都洛阳，与自己的内弟崔兴宗"相待洛阳扉"。

23

此时，王维的弟弟王缙正在洛阳附近的登封县当官，王维的好朋友韦陟跟随朝廷在洛阳履职中书舍人。王维与内弟、舍弟、好友，难免聚餐吃个"洛阳水席"，议论朝政，纵论天下。

张九龄和裴耀卿是王维敬重的两位政治家，如今入朝为相，朝廷政治面貌也焕然一新，大有励精图治的气象。

王维看到了希望和机遇，似乎感到命运在敲门。他写了一首《上张令公》的诗给张九龄，投石问路：

珥笔趋丹陛，垂珰上玉除。
步檐青琐闼，方憩画轮车。
市阅千金字，朝闻五色书。
致君光帝典，荐士满公车。
伏奏回金驾，横经重石渠。
从兹罢角抵，希复幸储胥。
天统知尧后，王章笑鲁初。
匈奴遥俯伏，汉相俨簪裾。
贾生非不遇，汲黯自堪疏。
学《易》思求我，言《诗》或起予。
当从大夫后，何惜隶人余。

在王维的诗歌作品中，这一首诗，艺术上乏善可陈，无论是唐诗选本还是王维诗歌选本，都没有选入这首诗。

但在王维的人生命运中，这首诗却是至关重要的一首。正是凭借这首诗，王维得到宰相张九龄的青睐，得以"重出江湖再回朝"。从此他虽历经沉浮，但再也没有离开官场，而且一直在中央机关任职。

对这首诗，后世读者议论纷纷，有三点值得关注。

一种是贬低，认为王维这么求人援引要做官，与他的"高人"风度不合拍。

一种是疑问，为什么王维不写给自己的老上司裴耀卿，而要写给与自己没什么交情的张九龄？

一种是猜测，同样是写给张九龄的干谒诗，就艺术水平而言，这首诗并没有孟浩然的那首《望洞庭湖赠张丞相》高，为什么孟浩然落寞而归，王维却"一诗命中"？

第一种意见，著名史学家范文澜最具代表，他在自己的《中国通史简编》里，就直言王维："其实他不是禅也不是道，只是要官做……王维、王缙的品质一样恶劣，所以都是做官能手。"

其实，"学成文武艺，货与帝王家"，是中国知识分子的传统。求人援引做官，这在古代是一种普遍现象。尤其盛唐时期，整个社会都弥漫着积极进取、建功立业、济世报国的风气，所以同时代的大诗人李白、杜甫、高适、岑参、钱起等都写过干谒诗。李白是"遍干诸侯，希求汲引，观其《与韩荆州书》《上安州裴长史书》等，谀人、自炫，言辞无所不用其极，令人读之生厌"（陈贻焮《唐史论丛》）。杜甫留存的诗中有三十首干谒诗，不少诗写得"自夸"与"自卑"集于一体，表现出急于求成的"谦卑"。

再者，仕与隐，只是一种人生选择，并不矛盾，更无好坏高下之分。并非隐士就是高雅，出仕就是低俗。

王维选择重新出仕为官，是一种正常的人生选择，写诗求人援引，也是官场的惯例，不必大惊小怪，也不必贴道德标签。

第二种疑惑，王维与裴耀卿同是山西蒲州人；王维在济州当司仓参军时，裴耀卿是济州刺史，算是王维的顶头上司；从后来王维为其写的《裴仆射济州遗爱碑》，也可推知他们之间关系很好。按常理应该投书同是宰相的裴耀卿"求官"才对，但王维为什么偏偏选择张九龄干谒？

我们不妨这样分析：正因为王维与裴耀卿有这层关系，才需要避嫌，以免被人拿住把柄，特别是同为宰相的李林甫，可不是个省油的灯。也许这个干谒张九龄的事，就是王维和裴耀卿商议的"套路"。

另外还有一个因素，王维的好朋友韦陟，此时正受张九龄器重，担任中书舍人。他深知张九龄喜欢延揽文学人才，也知道张九龄对王维的才名颇为看重，所以建议干谒张九龄，他可以从中斡旋。

第三种的"一诗命中"问题，我们可以细细读这首诗，看王维是如何"以诗干谒"，敲开宰相的大门：

前十六句用各种典故，绕着弯夸奖张九龄政绩卓著、任人唯贤，夸他执政有方、风度俨然、大国外交、威伏四方。句句有来历，字字有分寸。

后四句才开始委婉求推荐："贾生非不遇，汲黯自堪疏。学《易》思求我，言《诗》或起予。"

最后表态："尝从大夫后，何惜隶人余。"如果起用我，不挑拣岗位，不在乎官阶，就想跟着您老干一番事业。

干谒诗，是一种特殊题材的"求职信"，属于"私人密信"性质，不能向公众展示，也不必考虑赢得大众读者的赞赏，"但得一人心"即可。干谒诗的核心在于"精准发力"：写给谁，什么时间写，写什么，怎样写，都要费心思量，不能盲目地"遍干诸侯"乱放枪。夸人要诚心而恰当，不能说过头话，拍马屁不能出响声；自我介绍要自信又不能自吹，更不能狂妄；

求职要委婉不能"伸手要官";表态要谦虚又不能猥琐。

从效果论,以成败论,王维这首诗,都是干谒诗的"典范"。

诗外的功夫,选择写给谁、什么时候写、怎么写,体现了他的官场经验和政治智慧,其谋划周到、周全。

张九龄出身于书香门第,也是少年成名的天才,他的成长道路、为政理念,形成自己的用人标准:"诗文精神""博学之士"。王维自身条件合乎他的择人标准,所以写诗给他干谒,对路子。

张九龄刚任宰相不久,正是延揽人才、组建自己团队、推行自己为政理念的时候。这个时候递上"投名状",恰其时。

张九龄身为宰相,如何恭维?必须按照一个政治家、一个"贤相"的样子来赞颂,精准定位,合身份。

诗内功夫,也非同一般。王维的诗,一开始就生动描绘张九龄的宰相风度。宰相风度,是张九龄最自豪、自夸、自信的"特质",也是唐玄宗最看重、最欣赏张九龄的地方。据说此后选择宰相时,唐玄宗总是问:"风度得如九龄乎?"

从他的风度、他的德行、他的声望、他的文采,一一赞颂。而且典故与事实交织,"以典驭事",抓住了要害,牵住了牛鼻子,恭维得有分寸,上档次。

干谒诗中自我介绍是难点,如果说得少、说得不充分,怕人家主公"不觉得你是个人才";说得过了、吹得大了,又怕"惹人讨厌、说你狂傲"。

王维这首诗后六句,先以贾谊、汲黯自比,安心处于逆境,不怨愤,不牢骚。接着用了两个典故,"学《易》思求我",用的是"非我求蒙童,蒙童求我"(《易·蒙》);"言《诗》或起予"一句,用的是《论语》里"起予者商也,始可与言《诗》

27

矣"。这两句诗把王维自己才华学识的自信,甚至自负都巧妙地表达出来,且藏而不露。

最后两句的表态很重要,心态、姿态,都是"崇敬您的为政风度和人格",甘愿追随您,不计较职位高低。

干谒诗,写得不卑不亢,坦然大气,体现了盛唐时期仕人的能力自信和文化自信。

唐开元二十三年(735)三月,张九龄举荐王维担任右拾遗。沉寂六年的王维再次回到朝堂。

右拾遗隶属中书省,级别是从八品上,掌管供奉、讽谏,扈从乘舆,算是级别不高、位置重要的官职。据《旧唐书》记载,张九龄当年进入仕途的第一个重要职位也是"右拾遗"。

王维第一次从政担任太乐丞,只是技术性的"吏",这次进入权力中枢,才算是真正参与政治的"官"。

面对命运的再次眷顾,王维踌躇满志提笔又写一诗,感谢张九龄的推荐提拔。这时张九龄已经晋封为始兴县伯,加封金紫光禄大夫,所以诗的题目就是《献始兴公》:

> 宁栖野树林,宁饮涧水流。
>
> 不用坐梁肉,崎岖见王侯。
>
> 鄙哉匹夫节,布褐将白头。
>
> 任智诚则短,守仁固其优。
>
> 侧闻大君子,安问党与仇。
>
> 所不卖公器,动为苍生谋。
>
> 贱子跪自陈,可为帐下不。
>
> 感激有公议,曲私非所求。

这首表达感谢的诗，写得很特别，几乎不像是王维的风格。开头四句很突兀："宁栖野树林，宁饮涧水流。不用坐梁肉，崎岖见王侯。"我宁愿清贫淡泊，做乡野草民，也不肯为一官半职奴颜屈膝巴结权贵。

这不是得了便宜还卖乖吗？求人当官还端架子？

接着四句，更进一步自我表白："鄙哉匹夫节，布褐将白头。任智诚则短，守仁固其优。"我虽然是个凡夫俗子，才能一般，但我是有气节、有原则的，宁肯一辈子不当官，我也要坚守道德底线，不能丧失人格。

这哪像是感谢的样子啊。

当年唐玄宗听孟浩然吟诗，听到"不才明主弃，多病故人疏"，就拂袖而去。估计要是看到王维这样的诗句，早就拍桌子了。

但王维笔锋一转，开始赞美张九龄并甘愿为其所用："侧闻大君子，安问党与仇。所不卖公器，动为苍生谋。"听大家都说您老先生是大君子，用人唯贤，不结党营私，所有行为和谋划都是为了苍生社稷。

赞扬人，这个高度，这个境界，才真正是在夸奖一个贤明的宰相，而不是我自家的恩公。

夸赞过后，就要表态输诚："贱子跪自陈，可为帐下不。感激有公议，曲私非所求。"我弱弱地问您，我这样的可以做您的下属吗？感激您秉公举荐我，偏私也不是我的所求。

最后这四句，有自谦、恭敬、感恩，又有知音、知遇、报答，更有彼此默契相守的气节、操守、境界、品行。

全诗写得光明磊落，气韵轩昂，体现了献诗者与被献者相互之间的高风亮节和高度默契。但读起来又是跌宕起伏、险象环生，开始读得人心惊肉跳，中间读得人心花怒放，结尾又读得人击节叹赏。

我猜想，如果不是熟知张九龄的品行操守，王维也断不敢出此"险招"。

据说，张九龄看到这首诗，对"所不卖公器，动为苍生谋""感激有公议，曲私非所求"，反复吟诵，颇为惊喜。

三进逍遥谷

唐开元二十五年（737），一个普通的春天。

大唐盛世，依然气象万千。

作为右拾遗的王维，依然围绕唐玄宗，位列朝班。

但王维自己的内心很清楚，大唐王朝的政治气氛已经今非昔比：去年的十一月，围绕太子的废与立、牛仙客的出将入相，唐玄宗、武后妃、李林甫与张九龄、裴耀卿，矛盾重重，最终张九龄、裴耀卿同时被罢相，改任尚书省左右丞相，李林甫开始独揽朝政。

李林甫当权后，不断敲打皇帝身边诸如王维一类的言官：当今圣上，英明无比，何须我们多言！

朝廷的气氛压抑，王维的心情更压抑。

被贬、辞职、闲居、隐匿，离开朝堂六年的王维，好不容易回到京城的政治中心，满怀激情地试图展现自己的政治抱负，谁知就又遭此变故。

从政实现政治抱负，已经希望渺茫。

出仕也就剩下一个社会地位和薪酬待遇，一份饭碗而已。

仕，还是隐？这是个问题。

带着这些困惑与纠结，王维三次走进"韦氏逍遥谷"。

31

逍遥谷

逍遥谷是个什么地方?

逍遥谷,原名叫鹦鹉谷,位于长安东边的骊山西南,这里南依骊山,北临渭河,奇峰俊秀,泉水湍流,百花盛开,修竹苍翠,特别是温泉四季喷涌,尤其适合休沐养生。

唐中宗李显在位的景龙年间,有一个兵部尚书、同中书门下三品的韦嗣立,在此地营建一个庄园,叫韦氏庄园,又叫东山别业。

这个韦嗣立很牛,他爸爸韦思谦,武则天实际掌权的垂拱初年即做了宰相。他哥哥韦承庆,又在武则天称帝的天授年间担任宰相。他哥哥去世后,韦嗣立又在唐中宗时担任宰相。《旧唐书·韦嗣立传》说:"父子三人,皆至宰相。有唐以来,莫与为比。"

韦嗣立庄园,位置优越,营造豪华,加之韦嗣立家族的显赫地位和影响力,韦氏庄园声名远扬,风头无二。唐中宗曾经于唐景龙三年(709)十二月驾临韦氏庄园,"封嗣立为逍遥公,上亲制序赋诗"(《旧唐书·中宗纪》)。"中宗留诗,从臣属和,嗣立并镌于石,请张说为之序,薛稷书之。"(《唐诗纪事》)

因为皇帝封了韦嗣立为逍遥公,这个山庄园林也就被人们称之为"逍遥谷"。

有趣的是那个为逍遥谷写《东山记》的文学才子张说,后来也被唐玄宗提拔为宰相。

可见这个逍遥谷、这个韦氏庄园的豪华、尊贵和神奇。别说一般人,就是"二般人"也不是想来就能来的。

一进逍遥谷

韦嗣立有三个儿子，其中一个叫韦恒，唐开元二十五年时（737）在门下省担任给事中。据《旧唐书·韦嗣立传》记载：嗣立次子恒，"开元初为砀山令，为政宽惠，人吏爱之。曾车驾东巡，县当供帐，时山东州县皆惧不办，务于鞭扑，恒独不杖罚而事皆济理，远近称焉。……乃擢拜殿中侍御史。历度支左司等员外、太常少卿、给事中"。可见这个韦给事，并非常人，既是高官，又是贵胄，还颇有能耐。

韦恒和王维，一个在中书省任右拾遗，一个在门下省任给事中，本不属于一个部门；一个是从八品上，一个是正五品上，也不是一个级别，但他们偏偏关系好得要紧。

唐朝制度规定，公务人员每十日公休一天，称谓"休沐"。唐开元二十五年（737）正月，韦恒在休沐时，邀请王维到逍遥谷的东山别业一同散散心、减减压。

王维欣然前往，并写诗一首：

《韦给事山居》

幽寻得此地，讵有一人曾。

大壑随阶转，群山入户登。

庖厨出深竹，印绶隔垂藤。

即事辞轩冕，谁云病未能。

沉浸在大自然山水园林的美妙之中，王维深深感叹："即事辞轩冕，谁云病未能。"表达出他对归隐山林的渴望。

这首诗从思想的深度、艺术的锐度来看，不算上乘之作。但从写作技巧上看，还是可圈可点。"大壑随阶转，群山入户登"两句，有举轻若重的大气和巧妙；"庖厨出深竹，印绶隔垂藤"一联，则有藏有露，又点又染，极富层次感、画面感。

特别是面对豪华奢侈的庄园，王维毫无艳羡之色，而是轻描淡写地勾勒，透出他非凡的见识和气度。

方回赞扬这首诗说：此诗善用韵，"曾""登"两韵，险而无迹。"群山入户登"一句尤奇。

纪晓岚说，"大壑"句亦雄阔。

二进逍遥谷

韦嗣立另外一个儿子叫韦济，是韦恒的弟弟，当时在尚书省的户部任侍郎。官阶为正四品下，算是副部级高官。

韦济看见哥哥邀请了王维到逍遥谷，自己也趁着休沐叫上王维一起再去游玩。

王维二进逍遥谷，自然少不了赋诗一首：

《韦侍郎山居》

幸忝君子顾，遂陪尘外踪。

闲花满岩谷，瀑水映杉松。

啼鸟忽归涧，归云时抱峰。

良游盛簪绂，继迹多夔龙。

讵枉青门道，胡闻长乐钟。

清晨去朝谒，车马何从容。

这首诗，王维用自己画家之眼光、画家之笔墨，写出了逍遥谷的人间仙境："闲花满岩谷，瀑水映杉松。啼鸟忽归涧，归云时抱峰。"

继而又以小见大地写出来此聚会的非富即贵："良游盛簪绂，继迹多夔龙。"这里的"簪"，是冠簪；"绂"是系冠的丝带；两者都是显贵人士的特殊服饰，以此表示盛装出席。这里的"夔龙"，用的是《尚书·舜典》里的典故，夔和龙都是舜帝手下的重要大臣，借此说明参加今天休沐的都是朝中重臣。

最后，表达到此休沐的不虚此行，展望明早精神饱满地再回朝廷工作，"讵枉青门道，胡闻长乐钟。清晨去朝谒，车马何从容"。

同一个山居庄园，两次游览，写出不同韵味的精致情趣，可见王维的诗歌艺术能力非凡。

同一地点的两首诗，也可见王维思想的变化：从"即事辞轩冕，谁云病未能"的渴望归隐，到"清晨去朝谒，车马何从容"，在山居园林享受隐居快乐后，高高兴兴再上朝。

不去逍遥谷

唐开元二十五年（737）二月，韦给事又邀请王维去逍遥谷的东山别业。这次王维却没有去。

王维这个拾遗没去，另外一个姓卢的拾遗去了，还写了诗歌给王维看。

王维只好和了一首《同卢拾遗过韦给事东山别业二十韵给事首春休沐维已陪游及乎是行亦预闻命会无车马不果

斯诺》：

托身侍云陛，昧旦趋华轩。
遂陪鹓鸿侣，霄汉同飞翻。
君子垂惠顾，期我于田园。
侧闻景龙际，亲降南面尊。
万乘驻山外，顺风祈一言。
高阳多夔龙，荆山积玙璠。
盛德启前烈，大贤钟后昆。
侍郎文昌宫，给事东掖垣。
谒帝俱来下，冠盖盈丘樊。
闾风首邦族，庭训延乡村。
采地包山河，树井竟川原。
岩端回绮槛，谷口开朱门。
阶下群峰首，云中瀑水源。
鸣玉满春山，列筵先朝暾。
会舞何飒沓，击钟弥朝昏。
是时阳和节，清昼犹未暄。
蔼蔼树色深，嘤嘤鸟声繁。
顾己负宿诺，延颈惭芳荪。
蹇步守穷巷，高驾难攀援。
素是独往客，脱冠情弥敦。

　　诗的题目很长，其实正题应该是"同卢拾遗韦给事东
山别业二十韵"，也就是"应和卢拾遗的韦给事东山别业
二十韵而作"的意思，后面的"给事首春休沐维已陪游及
乎是行亦预闻命会无车马不果斯诺"，其实算是附加的一个

36

说明，就是告诉这个卢拾遗：韦给事早春休沐时我已经陪他去过，这次去东山别业之前，曾经预先告诉我并邀请了我，刚好我没有车马，便没有兑现承诺。

这么显赫的人物，这么尊贵的地方，这么盛情的提前邀请，王维竟然"会无车马不果斯诺"。这个"会无车马不果斯诺"是任性，还是另有缘故？很值得玩味。

相对于上两首诗的简练、闲适，可能是对照原韵唱和的缘故，这首诗写得长而铺张。王维夸赞了韦给事的家族显贵、人才辈出，描写了东山别业的繁华热闹，感谢了主家的邀请，表达了自己"不果斯诺"的惭愧："顾己负宿诺，延颈惭芳荪。蹇步守穷巷，高驾难攀援。"

标准的官样文章，中规中矩，客客气气。有文采但无真情，有章法却了无新意。

连一直推崇王维的顾可久，对这首诗的评价也只说"叙事雅丽森整"。

值得注意的是最后一句，"素是独往客，脱冠情弥敦"，王维说"自己原是隐者，如不为官心情会更笃实"（陈铁民语）。

三进逍遥谷

唐开元二十五年（737）三月，王维第三次走进逍遥谷。
但这次与以往两次大不相同。

这是一次高规格、大规模、上档次的贵族宴游，也是王维大出风头的一次文人雅士宴集活动。

一帮朝廷大佬的聚会，王维这样的低级官员，不但应邀参加，还为这次宴集执笔作序，总览各篇成册。可见王维的"年少而才高，官小而名大"。

先看宴集的地点："山有姑射，人盖方外；海有蓬瀛，地非宇下。逍遥谷天都近者，王官有之。"那些传说中的仙山姑射、仙岛蓬瀛，都遥不可及，但逍遥谷近在帝都郊区，大臣们可以就近游玩。

再看这次宴集的主题："不废大伦，存乎小隐。说崆峒而身拖朱绂，朝承明而暮宿青霭，故可尚也。"这样的山谷园林宴集，既不废君臣伦理，又可以享受到隐居山林的乐趣，是一种值得倡导的仕隐兼得的生活方式。

接着看参加宴集的朝廷大佬："时则有若太子太师徐国公、左丞相稷山公、右丞相始兴公、少师宜阳公、少保崔公、特进邓公、吏部尚书武都公、礼部尚书杜公、宾客王公，黼衣方领，垂珰珥笔，诏有不名，命无下拜。"太子太师徐国公即萧嵩，左丞相稷山公即裴耀卿，右丞相始兴公即张九龄，少师宜阳公即韩休，少保崔公即崔琳，特进邓公，未详其人但身份是二品，吏部尚书武都公即李暠，礼部尚书杜公即杜暹，宾客王公即王邱。这些都是三品以上的高官，享有皇帝敕赐"诏有不名，命无下拜"的特殊待遇，也都是饱读诗书的儒雅之士。

"熙天工者，坐而论道；典邦教者，官司其方，相与察天地之和、人神之泰。听于朝则赓颂矣，问于野则雅歌矣。乃曰：猗哉，至理之代也！"这些大臣，在朝廷谋划治国之道，在地方主政一方，共同调和天地、人神，不论朝廷还是民间，都夸赞这是最好的时代。

"吾徒可以酒合宴乐，考击钟鼓，退于彤庭，撰辰择地，右班剑，骖六驺，画轮载毂，羽幢先路，以诣夫逍遥谷焉。"适逢盛世，我们可以尽情享受"酒合宴乐"，一群人浩浩荡荡前往逍遥谷。

逍遥谷园林的美妙仙境和宴集的盛况空前融为一体："神皋藉其绿草，骊山启于朱户。渭之美竹，鲁之嘉树。云出于栋，水环其室。灞陵下连乎菜地，新丰半入于家林。馆层巅，槛侧径，师古节俭，惟新丹垩。"状写园林建筑的曲尽其妙。

"于是外仆告次，兽人献鲜，樽以大罍，烹用五鼎。木器拥肿，即天姿以为饰；沼毛蘋蘩，在山羞而可荐。"描写宴席的丰盛豪华。

"伶人在位，曼姬始觳，齐瑟慷慨于座右，赵舞襄回于白云。衮旒松风，珠翠烟露，日在濛汜，群山夕岚。犹且濯缨清歌，据梧高咏，与松乔为伍，是羲皇上人。"高雅美妙的歌舞，在宴席周围环绕，在山水之间回响。

"上客则冠冕巢由，主人则弟兄元恺"，夸赞客人都是仕宦之隐士，主人都是皇帝的辅佐大臣。

最后，王维自我谦虚地说，他学习王羲之，也写一个序，记录这一盛大宴集："仰谢右军，忽序兰亭之事。盖不获命，岂曰能贤？"

王维写的《暮春太师左右丞相诸公于韦氏逍遥谷宴集序》健笔如椽，凌云纵横，读来酣畅淋漓。研究王维的权威赵殿成曾经把王维这篇序，和王羲之的《兰亭集序》相提并论："名贤毕集，觞咏交错，何减金谷兰亭之会。"

尤其是王维在文中所倡导的"不废大伦，存乎小隐。说崆峒而身拖朱绂，朝承明而暮宿青霭"，是他"亦官亦隐""仕隐兼得"的思想宣言，并贯彻他此后的官场生涯。虽然此后他也写过不少"但去莫复问"的诗歌，但那都是"为赋新词强说愁"而已，并非真的"辞官"。晚年，他还抱病写信给魏征的后代魏居士，劝人家出山当官呢。

连贯看王维三进逍遥谷所写的诗文，可以看出他在仕与隐之间的徘徊、纠结及最终解脱方法，也可以看到他后来苦心经营辋川别业的来龙去脉。

《暮春太师左右丞相诸公于韦氏逍遥谷宴集序》原文附后，不妨细细欣赏。

> 山有姑射，人盖方外；海有蓬瀛，地非宇下。逍遥谷天都近者，王官有之。不废大伦，存乎小隐。说崆峒而身拖朱绂，朝承明而暮宿青霭，故可尚也。先天之君，俾人在宥，欢心格于上帝，喜气降为阳春。时则有若太子太师徐国公、左丞相稷山公、右丞相始兴公、少师宜阳公、少保崔公、特进邓公、吏部尚书武都公、礼部尚书杜公、宾客王公，黼衣方领，垂珰珥笔，诏有不名，命无下拜。熙天工者，坐而论道；典邦教者，官司其方，相与察天地之和、人神之泰。听于朝则赓颂矣，问于野则雅歌矣。乃曰：猗哉，至理之代也！吾徒可以酒合宴乐，考击钟鼓，退于彤庭，撰辰择地，右班剑，骖六骊，画轮载毂，羽幢先路，以诣夫逍遥谷焉。神皋藉其绿草，骊山启于朱户。渭之美竹，鲁之嘉树。云出于栋，水环其室。灞陵下连乎菜地，新丰半入于家林。馆层巅，槛侧径，师古节俭，惟新丹垩。岩谷先曙，羲和不能信其时；芳卉后春，勾芒不能一其令。桃径窈窕，蘅皋涟漪，骖御延伫于丛薄，佩玉升降于苍翠。于是外仆告次，兽人献鲜，樽以大罍，烹用五鼎。木器

40

拥肿，即天姿以为饰；沼毛蘋藻，在山羞而可荐。伶人在位，曼姬始縠，齐瑟慷慨于座右，赵舞襄回于白云。衮旒松风，珠翠烟露，日在濛汜，群山夕岚。犹且濯缨清歌，据梧高咏，与松乔为伍，是羲皇上人。且三代之后而其君帝舜，九服之内而其俗华胥。上客则冠冕巢由，主人则弟兄元恺。是四美同乎一时，废而不书，罪在司礼。窃思楚傅，常诣茅堂之居；仰谢右军，忽序兰亭之事。盖不获命，岂曰能贤？

唐开元二十五年（737）四月十七日，唐玄宗在早朝时大发雷霆，一个叫周子谅的监察御史被当庭胖揍了几十大板，浑身是血，满朝文武，战战兢兢，只有这个被打的监察御史还在嘴硬，强撑着奄奄一息的身子，与皇帝顶嘴：臣不知何罪，牛仙客尸位素餐，真的不是宰相之才！

身在朝堂的王维，看着这一幕，心生悲凉。他知道此事不会就此结束，也许还有更大的风雨。

这个牛仙客，最初为县小吏，后到河西节度府任判官，逐步升职为节度使。唐玄宗要提拔他为尚书，当时的宰相张九龄直言反对："唐家多用旧相，不然，历内外贵任，妙有德高者为之。"唐玄宗要封牛仙客"爵位"，张九龄又反对："陛下必赏之，金帛可也，独不宜裂地以封。"（《新唐书·张九龄传》）

张九龄被罢相后，李林甫深知皇帝心意，积极推荐牛仙客进入朝廷担任"工部尚书,同中书门下三品,知门下事,遥领河东节度副大使"（《新唐书·牛仙客传》）。

牛仙客当了宰相后，一切唯李林甫马首是瞻，成了李林甫的应声虫。原本三宰共治的体制,成了李林甫独揽大权。

所以才有监察御史周子谅斗胆上奏,指斥牛仙客唯唯诺诺,非宰相之才。

唐玄宗在牛仙客的提拔上,本就遭到张九龄的顶撞和大臣们的非议,《新唐书》说"帝既用仙客,知时议不归"。唐玄宗也曾私下询问自己最亲近的宦官高力士,高力士也说:"仙客本胥吏,非宰相器。"(《新唐书·牛仙客传》)

皇帝的心病最怕人戳破,况且周子谅上奏的文本中又引用了武则天时期的"谶语":"首尾三鳞六十年,两角犊子自狂颠,龙蛇相斗成血川(两角犊子,牛,意思是发生姓牛的人摧残唐王朝)。"惹得唐玄宗大为恼火,盛怒之下,喝令当庭打板子。

退朝之后,李林甫又对唐玄宗说:张九龄反对牛仙客入朝拜相,周子谅又是张九龄荐举启用的人,周子谅这么胆大地顶撞圣上,会不会背后有人撑腰?

你不得不佩服李林甫"上眼药"的阴、损、狠,这一个"会不会"的疑问,一下子捅到唐玄宗的麻骨,也扎到张九龄的死穴。

唐玄宗把已经打个半死的周子谅发配瀼州(广西上思县),周子谅刚出长安到蓝田就一命呜呼了。接着又将张九龄贬出长安,到荆州去任都督府长史(《旧唐书·玄宗本纪》说:"尚书右丞张九龄以曾荐引子谅,左授荆州长史。")

张九龄被贬的第二天,驸马都尉杨洄(娶咸宜公主)再次检举太子李瑛、鄂王李瑶、光王李琚等人图谋不轨。其实只是几个兄弟对唐玄宗宠信武惠妃不满,各自为自己的母亲抱屈,发了几句牢骚。此前曾经检举,唐玄宗意欲废除太子,被张九龄劝止。这次旧事重提,唐玄宗竟然下

43

令把三个儿子贬作平民，接着又勒令他们在长安城东边的驿站内自杀。

腥风血雨，弥漫朝堂，王维压抑得无处话凄凉。

张九龄的罢相、被贬，不仅使他在政治上失去了依靠、人格上失去了偶像、诗文上失去了知音，更主要的使他对唐王朝的开明政治产生幻灭感。

研究王维的权威、北京大学陈贻焮教授曾说，"王维的干谒张九龄，不能单纯地理解为个人的投靠，实际上他是作为张九龄政治主张的拥护者和支持者而要求参加工作的"。

上天给了王维满腹才华、一身正气，但却没有给他命运的公平。

这次好不容易进了中书省，又遇到政治靠山倒台，面临被清算的尴尬。

张九龄走后，王维人好像被掏空一样。王维写了一首《寄荆州张丞相》的诗，表达自己的思念、感恩和尊崇。

这首诗的题目就很扎眼。当时李林甫大权独揽，满朝文武都"容身自保，无复直言"。血雨腥风之下，王维还敢直接称罢了官的张九龄为丞相：

> 所思竟何在？怅望深荆门。
> 举世无相识，终身思旧恩。
> 方将与农圃，艺植老丘园。
> 目尽南飞雁，何由寄一言。

我怅望着荆门，思念远方的恩公，举世无知音，也只有您赏识信任我，我会终生报答您的恩情，您离开京城后，

44

我也正打算学习农桑、终老田园，目送南飞的大雁，我一肚子的思念竟不能带走一言。

王维名气大，交游广，他认识的人很多，认识他的人更多，但他在诗里却说"举世无相识，终身思旧恩"，这让当权者情何以堪？

这首诗只有在了解这种特殊背景后，才能理解其中的勇敢和无畏、忠诚和深情，才能看到字里行间有人格的光芒在闪烁。

身在荆州的张九龄收到这首诗，回诗一首《答王维》：

荆门怜野雁，湘水断飞鸿。

知己如相忆，南湖一片风。

两首诗，一个是深情而痛楚，一个是高风而亮节；一个体现的是危难时的风骨，一个体现的是挫折时的风度。尤其是张九龄的诗，不愧是宰相风度，豪杰胸襟，境界卓尔不群，笔力举重若轻，何其潇洒、飘逸。

人生知己，斯世同怀。君子相交，一片清风。

两首诗，两座丰碑，一段千古佳话。

　　唐开元二十五年（737）三月二十五日，青海湖一带发生了一场不大不小的战争：唐王朝的河西战区边防军对吐蕃军发动突袭，深入吐蕃国土两千余里，杀敌两千余人。

　　谁也没有想到，这场胜利的捷报，传到长安时，却改变了王维的人生走向，也成就了他的诗歌创作。

一

　　当时，朝廷上几件大事，都让唐玄宗很恼火：监察御史周子谅因弹劾宰相牛仙客，被当堂乱棍殴打后死于发配途中；尚书右丞相张九龄受到牵连，被贬出朝堂；太子李瑛、鄂王李瑶、光王李琚、驸马薛镛，遭人弹劾，被唐玄宗赐死。

　　杀气太重，郁闷很多。

　　一件从河西凉州传来的捷报，使唐玄宗紧蹙的眉头稍有舒展。

　　唐玄宗看着捷报，考虑派特使到河西战区慰劳将士们。

　　派谁去呢？

　　选拔的过程不清楚，但最终这个差事落到了王维头上。王维从中书省的右拾遗转岗到御史台的监察御史，以监察御史的身份，代表朝廷前往河西劳军。

于是，一首传唱千古的诗歌诞生：

使至塞上

单车欲问边，属国过居延。

征蓬出汉塞，归雁入胡天。

大漠孤烟直，长河落日圆。

萧关逢候骑，都护在燕然。

二

对于王维出使河西边塞，专家学者有许多分析，有"遭李林甫排挤说"，有"王维借机避祸说"，有"皇帝钦点说"，有"王维争取说"等等。

从官阶上看，右拾遗是从八品上，监察御史是正八品下，显然是晋升一个小台阶。

从职位来看，右拾遗是皇帝身边的言官，掌讽谏，属于近臣；监察御史是掌"分察百僚，巡按州县"，属于权臣；两者职权不同，但分量差别不大。

所以，这次王维的岗位调整，看不出李林甫有打击报复、排除异己之嫌。

再从派往河西劳军的安排来看，唐朝制度规定，监察御史有一项重要职责就是"凡战伐大克获，则数馘、审功赏，然后奏之"。这里要特别说一下这个"数馘"，古时候有杀敌后割下左耳朵来计算战功的规定，所以这个"数馘"就是审核杀敌人数，以此来"审功赏"。

这次河西大捷，派监察御史去劳军，既代表朝廷慰问，又代表朝廷去核实，一举两得。应该说，这个"皇帝特使"，身份地位很高，责任权力很大。

要担当这个"特使"，需要三个人点头才行，一个是御史大夫李适之，一个是宰相李林甫，最后是唐玄宗。

王维是先转岗再出使，还是转岗就是为了出使，一次到位？史书无记载。但既然是监察御史出任特使，那么这个提名权，应该是御史大夫。

当时的御史大夫是李适之，他是唐太宗长子李承乾的孙子，"能诗""能饮""能干"。

能诗，他最著名的诗歌就是那首《罢相》："避贤初罢相，乐圣且衔杯。为问门前客，今朝几个来？"

能饮，杜甫写的《饮中八仙歌》中说他是"饮如长鲸吸百川，衔杯乐圣称世贤"。《旧唐书·李适之传》记载："适之雅好宾客，饮酒一斗不乱。"

能干，《新唐书》说他"以强干见称""夜则宴赏，昼决公务，庭无留事"。天宝元年，他接替牛仙客为宰相。

史书没有记载李适之与王维有什么交往，但从王维当时在诗坛的地位和名气，从李适之对诗歌的喜欢和性格的豪放，推知李适之对王维应该是"青眼相看"。

所以，这次王维转岗监察御史、出使河西，应与御史大夫李适之关系很大。

三

这首《使至塞上》虽然大家一致都说好，但具体解读也有许多争议。

此诗作于何时何地？

有作于宁夏中卫的沙坡头之说，依据是只有在那个地

48

方，才能既看到黄河又看到沙漠。中卫市已经在沙坡头那个既能看到大漠又能看到长河的最佳看点，雕塑王维握笔题诗的高大塑像。但有专家说，诗中所描写的大河，并非黄河，而是甘肃境内的石羊河。

还有此诗写于萧关的驿站之说，依据是"萧关逢候骑"，王维走到这里遇到迎接他的侦察兵，知道崔希逸将军还在前线，王维便不急着赶路，当晚在驿站写下这首诗。固原县恢复重建的萧关城楼，已经用浮雕把这个说法昭示后人。但有专家说，王维那时去河西凉州，所走的路线是凤翔、陇州、秦州、渭州、临州、兰州、凉州的南线，而不是北线，所以不经过萧关。

研究王维的权威专家陈铁民先生认为，此诗写于王维初到凉州时。

开头两句，文苑英华本里是"衔命辞帝阙，单车欲问边"，后来，普遍采用的是"单车欲问边，属国过居延"。

这两句的"属国过居延"，争议较多，一种解读说"王维出使边塞路过居延"，但实际路线考察，王维出使河西凉州（今天的甘肃武威）根本不需要路过居延（今天内蒙古额济纳）；一种解读说，唐代人有时以"属国"代指使臣，如杜甫《秦州杂诗》"属国归何晚"，这句是王维"奉使问边"的自称。

林庚、冯沅君编写的《中国历代诗歌选》解释这句诗为"边塞的辽阔，附属国直到居延以外"，我觉得这是最靠谱的解读。

"大漠孤烟直，长河落日圆"是千古名句，也是这首诗的灵魂。顾可久说它是"雄浑高古"；黄培芳说"直圆二字极锤炼，亦极自然"。《红楼梦》里香菱学诗一节，把两句

49

诗讲解得很透彻：想来烟如何直？日自然是圆的，这"直"字似乎无理，"圆"字似太俗。合上书一想，倒像是见了这景的。若说再找两个字换这两个，竟找不出两个字来。

艺术界有"大朴不雕"之说，这两句诗，正是"大朴不雕"的典范。

大漠孤烟的那个"孤烟"，又有不同解读。有说是牧民点燃的狼烟，有说是戍边战士点燃传递信息的平安火，有说是沙漠草原特有的龙卷风。

我曾经在西部大漠遇到过那种"卷地动天"的龙卷风，烟柱拔地而起，粗壮高大，速度快而破坏力强，景象极其壮观。我以为"孤烟"应该是描写大漠上的"龙卷风"。

"萧关逢候骑，都护在燕然"，这两句也有不同解读。一种解读认为是实写，就是王维走到萧关时，遇到前来迎接的轻骑兵，知道"都护"还在前线。一种解读认为这是虚写，用《后汉书》窦宪打败匈奴、登上燕然山"刻石勒功而还"典故，歌颂这次大捷。

当代诗词学大家叶嘉莹先生就认为"王维用这个典故是为了赞美镇守边塞的将领，赞美他的丰功伟绩"。叶先生还进一步说，这是王维特使身份所说的"官话"，"属于王维的未能免俗之处"（《叶嘉莹说初盛唐诗》）。

四

无论幕后原因是什么，从实际效果看，这次出使边塞，对王维是一次极其重要的历史机遇，不论是仕途发展、精神风貌，还是诗歌创作，其意义都非同寻常。

我很赞同王志清说的观点，王维这次边塞劳军，"是一

50

次精神的洗礼，一次灵魂的净化，一次情怀的飞升，也是一次诗歌艺术的质变"（《王维诗传》）。

王维到达河西后，又被河西节度使崔希逸聘为节度判官，实际参与边防军事工作一年多，似乎实现了"上马击狂胡，下马草军书"的人生理想。

这一独特经历，使王维走出都城贵族的奢靡，离开朝廷斗争的压抑，走向战士，走向战场，走向边塞，心胸为之开阔，精神为之振奋，诗风也为之大变。

这一时期，王维所写的边塞诗，与其前期所写边塞诗一脉相承中又有"质的飞升"。前期的边塞诗，以历史人物为主题，此时的边塞诗以边疆生活为主题；前期的边塞诗，以想象为特征，此时的边塞诗，以实写为特征；前期多为"纸上得来"的写法，此时"句句从体验中来，从阅历里出"。

那首被方东树称为"千古第一绝唱"的《出塞作》：

居延城外猎天骄，白草连山野火烧。
暮云空碛时驱马，秋日平原好射雕。
护羌校尉朝乘障，破虏将军夜渡辽。
玉靶角弓珠勒马，汉家将赐霍嫖姚。

把一场战争写得张弛有度，起伏跌宕，开合自如，浑然天成，"声调响入云霄"（方东树语），而且"通篇无一虚腔字"（清黄培芳语）。没有切身战争经历，根本无法写出如此诗篇。

还有，《陇西行》："十里一走马，五里一扬鞭。都护军书至，匈奴围酒泉。"如闪电般的节奏推进，如电影镜头似的画面切换。《凉州赛神》："凉州城外少行人，百尺峰头望虏尘。健儿击鼓吹羌笛，共赛城东越骑神。"寥寥数笔，速写传神,如风俗年画一样的边疆风情,都是脍炙人口的经典。

　　唐代诗人中写边塞诗的人很多，但真正到过边塞且参与战事的，王维是第一人。他比后来的高适、岑参早了十余年。应该说，王维是唐代边塞诗的先驱，他的边塞诗对当时乃至中晚唐的边塞诗都有重要影响。

人与人，有许多偶遇，有的偶遇如轻风飘过，不留一丝痕迹，但有的偶遇就是一眼千年，或使你终身受益，或使你一生受伤。

唐开元二十八年（740）十月初，在南阳一个小小驿站，前往桂州（今桂林）知南选的王维，偶遇了禅宗大师神会。

一个是名满朝野的知名诗人、知名"居士"，一个是继承南禅宗衣钵，与北禅宗展开大辩论的得道高僧。

皇命在身，必须在十月三十日赶到桂林监督科考的王维，竟然在此小驿站滞留，与神会"语经数日"，可见这次偶遇非同小可。

一

知南选，是个什么差事？

唐代选拔官吏最初都是全国集中到京城统一选拔，后来觉得这样路途太远、劳民伤财，就逐步改为划片分区域选拔。《新唐书·选举志》记载："太宗时，以岁旱谷贵，东人选者集于洛州，谓之东选。高宗上元二年，以岭南五管、黔中都督府得即任土人，而官或非其才，乃遣郎官、御史为选补使，谓之南选。"于此可知，洛阳的选拔为"东选"，桂州、黔中的选拔为"南选"。

据《唐会要》记载："开元八年八月敕：岭南及黔中参选吏曹，各文解每限五月三十日到省，八月三十日检勘使了，选使及选人，限十月三十日到选所，正月三十日内铨注使毕。"

选拔任用官员历来是朝廷大事，派往"南选"的主考官，都是深受朝廷信任的五品以上大员，协同监督的角色也都要有"才学"和"清正"之声望。

王维当时四十岁，刚刚升职殿中侍御史，以才名享有清誉，这次朝廷选派他以协同监督的名分"知南选"，可谓是"任重"而"道远"。

二

神会大师，是禅宗六祖慧能晚期得意弟子，荷泽宗的创始者。他俗姓高，湖北襄阳人，十四岁为沙弥，最初跟随神秀学佛禅宗。神秀被则天武后召入宫中说法，神会便往韶州（今广东韶关）曹溪拜入慧能门下，通过问答试难，师徒道合，两心相契。

慧能很看重神会，潜心培养，并在唐景龙年（707—709）将示寂时即授其印记。

唐开元八年（720）神会禅师敕配住南阳龙兴寺。

神会北归以后，提出南宗顿教优于北宗渐教的说法，并且指出达摩禅的真髓存于南宗的顿教，北宗的"师承是傍，法门是渐"，慧能才是达摩以来的禅宗正统。

唐开元十二年（724）正月十五日，神会在滑台（今河南滑县）大云寺设无遮大会，与当时著名学者崇远展开辩论，宣扬南宗宗旨，批评当时声誉日隆的普寂，同时对神秀的法统地位提出质疑："（达摩）传一领袈裟以为法信授与慧可，慧可传僧璨，僧璨传道信，道信传弘忍，弘忍传慧能，六代相承，连绵不绝。"（独孤沛《菩提达摩南宗定是非论》）神会又说："秀禅师在日，指第六代传法袈裟在韶州，口不自称为第六代。今普寂禅师自称第七代，妄竖和尚（神秀）为第六代，所以不许。"

崇远质问神会："普寂禅师是全国知名的人物，你这样非难他，不怕生命的危险吗？"神会从容地说："我是为了辨别是非、决定宗旨，为了弘扬大乘建立正法，哪里能顾惜身命？"

神会的坚强态度和惊世言论，轰动一时，也使南宗在北方开始受到追捧。

三

王维知南选路过南阳时，神会正在南阳龙兴寺。王维对神会早有耳闻，神会对王维也久仰大名。

王维从小追随母亲信佛，且天资聪慧，极具悟性。成人后，游历各地知名寺院，顶礼德僧，探讨佛理。虽然对佛教各个流派融会贯通，但在信仰上偏爱禅宗，已经与北禅宗的普寂、道璇、义福、静觉等禅师有过来往，算是盛唐时期居家奉佛的知名大居士。

这次在驿馆偶遇神会，王维和神会一见如故，"语经数日"，深入探讨南北禅宗的"顿悟""渐悟"的彼此长短，倾心学习南宗的妙悟心法。

这次偶遇，在《菏泽神会禅师语录》上有详细记述："在南阳郡，见侍御史王维，在滍驿中屈神会和上及同寺慧澄禅师语经数日。于时王侍御问和上言：'若为修道得解脱净，若更起心？'答曰：'众生本自心净，若更欲起心有修，即是妄心，不可得解脱。'王侍御惊愕云：'大奇，曾闻大德，皆未有做如此说。'乃谓寇太守、张别驾、袁司马等曰：'此南阳郡，有好大德，有佛法甚不可思议'……"（《菏泽神会禅师语录》二十九）

这次偶遇，还为禅宗六祖慧能留下一篇价值极高的碑文。神会禅师郑重拜托王维给禅宗六祖慧能撰写碑文，王维不负所托，精心撰写了《能禅师碑》。

我曾经专门到广东省云浮市新兴县国恩寺，看过矗立在那里的《能禅师碑》。王维所撰碑文，行文凝练，佛理贯通，对南宗的阐述、总括、提炼，很精辟透彻，是研究慧能禅师及其禅法早期珍贵资料。

四

与神会偶遇后"语经数日"，王维在佛教信仰上更倾心于南禅宗；在诗歌创作上，更有意识地把禅宗的"妙悟"运用到诗歌创作中，从"诗中有画"开始有意识地向"诗中有禅"转变；在人生和仕途上，王维更接受了"苦乐随缘，得失随缘，心无增减""有求皆苦，无求乃乐"的禅宗思想。

知南选的一路往返，王维写了不少山水诗，还拜访两个至亲好友，得到的都是噩耗。

一个是张九龄，自己的政治偶像、人生知己、仕途恩公，病亡，六十八岁；一个是孟浩然，被人"王孟并称"的文章知音，盛唐山水田园诗歌顶梁柱，早前因为朋友王昌龄

56

来了猛喝酒，引发旧病而亡，五十一岁。

王维悲痛不已，写了《哭孟浩然》：

> 故人不可见，汉水日东流。
> 借问襄阳老，江山空蔡州。

我推测，以王维和张九龄的关系和情谊，还应该有哭张九龄的诗，只是王维的诗在唐代宗时，就"十不存一"，可能失传不见了。

值得关注的是王维的《汉江临泛》，其中"江流天地外，山色有无中"，历来被人称道为"诗中有画"。但我以为这两句诗，有别于王维以往的诗中有画，他没有具体的形象、线条、色彩，写的是气势、韵味，充满美学的辩证法，既是"诗中有画"，又是"诗中有禅"。

从这两句诗的细节，可以觉察出王维接受南禅宗的"妙悟"后，在诗歌创作上的变化，是他"诗中有禅"的牛刀小试。

回到长安不久，王维就到终南山隐居了，那首著名的《终南别业》最能体现王维这次与神会偶遇的转变：

> 中岁颇好道，晚家南山陲。
> 兴来每独往，胜事空自知。
> 行到水穷处，坐看云起时。
> 偶然值林叟，谈笑无还期。

"行到水穷处，坐看云起时"，这是王维打通"诗"与"禅"的最初也是最佳"诗句"。宋代胡仔说：此诗造意之妙，至与造化相表里，岂直诗中有画哉！观其诗，知其蝉蜕尘埃

57

之中，浮游万物之表也。(《苕溪渔隐丛话》前集卷十五)

此前，王维也写过不少涉及佛教和禅宗的诗，但大多是游览寺庙、拜访禅师的"禅事"纪行类诗，或者是"用禅语阐发禅理"，类似佛教的偈语。坦率讲，王维此类诗歌，"诗味不够禅味足"，读者并不喜欢。

从知南选回来以后，王维开始把禅宗尤其是南宗的思维方式、表达方式、审美趣味运用到诗歌创作中，他开始把禅理、禅趣、禅悦，潜移默化到山水自然景观的描写中，"不见禅语却充满禅趣禅理"，创造了"诗中有禅"的新境界，形成了自己"诗佛"的独有风格。

同一时期创作的《终南山》，也是"诗中有禅"的典范之作：

> 太乙近天都，连山到海隅。
> 白云回望合，青霭入看无。
> 分野中峰变，阴晴众壑殊。
> 欲投人处宿，隔水问樵夫。

"白云回望合，青霭入看无""欲投人处宿，隔水问樵夫"，既是"诗中有画"的神来之笔，又是"诗中有禅"的绝妙境界。王夫之说"妙在脱卸，勿但作诗中有画观也"(《唐诗评选》卷三)。

此后王维倾心创作的《辋川集》，则是他"以禅入诗"的高峰，那些空灵、含蓄、充满禅机的诗句，使人读来会心一笑，妙不可言。

直到晚年王维写的《酬张少府》："晚年惟好静，万事不关心。自顾无长策，空知返旧林。松风吹解带，山月照弹琴。

君问穷通理,渔歌入浦深。"禅与诗已经完美融合,美轮美奂。

有学者统计,王维今存在世的诗歌四百余首,涉及佛教内容的诗歌就有一百七十多首,其中表现禅宗意境的五十多首,而用到"空"这个字的诗句,又有九十八次之多。"空山不见人,但闻人语响""人闲桂花落,夜静春山空"等都是脍炙人口的名句,也都是"诗中有画""诗中有禅"的美妙结合。

严羽在其《沧浪诗话》里说得好:"大抵佛教惟在妙悟,诗道亦在妙悟。"

历来评说王维"诗中有画""诗中有禅"。但王维"诗中有禅"的触发点在哪里?我看也许就在南阳驿站的那次"偶遇"。

王维一生写诗无数，绘画无数，但摒弃应酬、应制、应考、送别、酬唱，真正潜心主题性创作的诗歌绘画，并不多。

而真正体现他自己本心、代表他艺术水准的重大题材的鸿篇巨制，当属《辋川集》和《辋川图》。

那时，他人到中年，人生阅历丰富，思想成熟，艺术造诣高超，创作精力旺盛，是创作的巅峰时期。

他的辋川别业、《辋川集》、《辋川图》，代表了盛唐园林建造、诗歌创作、山水绘画的最高峰，被称为"辋川三绝"，历来研究者、模仿者绵延不绝。韩愈模仿其辋川诗意，创作了《奉和虢州刘给事使君三堂新题二十一咏》，苏东坡也仿照《辋川集》写了《次韵子由岐下诗并序》二十一首。北宋的郭忠恕、元代的赵孟頫、明代董其昌等绘画大家都临摹过王维的《辋川图》。清代皇家园林圆明园建造时，还特意模仿辋川别业修建了"北远山庄"。

在我看来，这三绝其实是一个不可分割的"艺术综合体"，它们是一部浑然一体的"田园交响曲"，而不是三个独立的"单曲"。

在王维的总体构思中，诗歌、绘画、园林，互相依存，互为表里，是他心中诗意栖居的"桃花源"。

一

唐开元二十八年（740），王维四十岁。

这一年二月，举荐重用王维的老宰相张九龄在荆州去世。王维的政治偶像倒塌，王维的政治理想也几近幻灭。

这一年冬季，朝廷派他去桂州出差"知南选"。以殿中侍御史的身份去参与南部几个州的干部选拔。一路上好山好水，滋养了王维的才情，也更促成了他归隐林下的决心。

北归途中，在南京江宁县瓦官寺，王维又拜见了高僧睿禅师元崇，谈经论道，心有戚戚然。

三十而立，四十不惑。王维从二十一岁中进士，满怀热情进入官场，期望展现才能，实现抱负，博取功名。磕磕绊绊到如今，已经看透官场，也看清自己了。

他在诗里反思自己："少年识事浅，强学干名利。徒闻跃马年，苦无出人智。即事岂徒言，累官非不试。既寡遂性欢，恐招负时累。"

"宿世谬词客，前身应画师"，艺术和田园才是自己的归宿，对于政治和官场，自己只是个无能为力的摆设或者"花瓶"。

他开始思考谋划自己的人生下半场。

第二年回到长安，他在终南山搞了个"终南别业"，和裴迪、崔兴宗、张五烟、贾生等组团隐居，"行到水穷处，坐看云起时。偶然值林叟，谈笑无还期"。

一年后，朝廷征召他回朝担任左补阙，又成为"骖御臣"。这时，他身在朝廷，心在林泉。他开始留心寻找一个合适的地方，用自己的艺术才华，按照自己的理想，打造一个自己的"桃花源"。

这时候，唐玄宗痴迷道教，他下令各州州城都要兴建一座道观，命令画师描绘老子李耳的容貌，分送各州的道观悬挂。

唐玄宗还特别迷信"灵异""祥瑞"，他的儿子陈王李珪府中有个"参军事"叫田同秀，他上疏报告：在大明宫的丹凤门看见玄元皇帝李耳半空中告诉我"把灵符藏在尹喜旧宅"。唐玄宗派使节到桃林县函谷关尹喜纪念台旁找到。

文武百官立马联名上书：旧函谷关发现的灵符，暗中应验"灵宝"年号，建议陛下尊号之上应加"天宝"二字。

唐玄宗欣然同意，并把桃林县改名为灵宝县，同时还把田同秀从正八品的"参军事"破格提拔为从五品的"朝散大夫"。

从此大唐已经不是靠自己开创盛世的"开元"时代，而是进入依赖上天保佑的"天宝"时代。

大约唐天宝二年（743），王维购买了宋之问的蓝田山庄，开始营造自己的辋川别业。

这一年，王维四十三岁，在门下省担任左补阙。

二

王维从十五岁就开始在长安、洛阳两大都会遍访名门豪族，宁王、薛王、岐王视之为"师友"。各类皇家园林、私人别业，他都见识过，并以诗歌绘画描述过。

对园林艺术，王维自有其独到见解。对自己的辋川别业，王维当然有自己的独特构思。

他要把自然山水内在的魅力挖掘、点亮、升华，园林的匠心要掩藏在"不事雕琢"中。

他要把山水田园的诗意，用自己独到的眼光发现和独特的诗歌表达，使之成为园林的一个独有的亮点和特色。

他要把山水田园的丰富多彩，用自己高超的绘画技巧，高度浓缩，精心提炼，绘为一图，让人过目难忘。

辋川别业，没有大兴土木，破坏生态，而是保持原有的山水田园自然状态和开放状态，以辋川别业为中心，在周边精心选择二十个自然景观，并用写意式的手法进行"点化"。所有人工建筑能少则少，所用建筑材料也是就地取材，与周围自然景观协调统一。比如，鹿柴，就是原有的养鹿场，扎上有艺术味道的"栅栏"；文杏馆，"文杏裁为梁，香茅结为宇"。

辋川别业，没有搬迁移民，圈地造园，而是保持原有生态的开放性，除私人住宅外，所有园林景观，都是共有共赏的开放布置。而且原有的农家农舍农田、炊烟牧童浣女，都成为园林的美妙组成。

辋川别业也没有破坏文物，刘裕留下来的"思乡城"，虽破败不堪，既没有修旧如旧，也没有拆除了事，而是让"古木余衰柳"延续文脉，叹息古今。

辋川别业完成后，辋川似乎没有改变什么，辋川却美丽了许多，精彩了许多；辋川居民也舒服了许多，文明了许多。

专家们称辋川别业为"写意式私家山水园林"。我倒觉得，它是写意式园林，但不是"私家"，套用一个现代概念，它应该是一个开放共享的"山水田园综合体"。因为属于王维自己的私产的只有两处宅院、几处花圃而已，其他的都是共有共享。

这里，山水环绕，亭阁相望，花影重重，翠竹婆娑，景致绝佳。

这里，幽篁弹琴，月夜长啸，水边浣纱，灯下焚香，趣味高雅。

这里，泛舟往来，吟诗作赋，亭台对弈，阁楼听雨，绝代风华。

一个充满诗意禅趣的生活空间营造完成，一群志同道合、意趣相投的文人雅士闻风而来。

一个自由自在的世外桃源，一个高雅风流的艺术天地，必然产生伟大作品。

三

辋川别业建造初期，王维就邀请道友和诗人裴迪一起，踏遍辋川的山山水水，寻找发现特色景观，策划营造亮点，针对每一个景点每人各写一首五言绝句，让诗歌和景观互为依托、融为一体。同时，也使景点插上翅膀，飞跃时空，流传更远、更久。

曾有论者疑惑：王维当时怎么不把这四十首诗，一一对照景点，刻石竖碑，为景点注释增色？

如果那样，就不是王维，而是乾隆爷了。那就破坏了园林的总体美学范式，因"挂相"而"破相"。

《辋川集》是王维第一次创作主题性的"大型山水组诗"，而且还是和裴迪联袂"二重唱"。无论是形式，还是内容，抑或艺术水平，都是空前的。

《辋川集》也是王维生前自己亲自编辑成册的唯一一本诗歌集，可见在王维心目中的地位。

《辋川集》是王维山水田园诗的经典，也是中国山水田园诗歌的一座丰碑。对中国诗歌的历史发展，产生了重大深远的影响。

《辋川集》也是王维在西方影响最大的作品之一，隐逸幽静的田园题材、简朴自然的形式、空静沉默的禅宗气质，被西方诗歌美学界推崇。尤其是宾纳和韦利翻译的英文版《辋川集》，对美国新诗运动的美学趣味和诗学追求产生了很大影响。

《辋川集》及其辋川系列诗歌，给人最大的阅读享受，是情景交融的自然美、生态美、空灵美、妙悟美。"兴象超远，浑然元气，为后人所莫及；高华精警，极声色之宗，而不落人间声色。"确实能让人忘却尘世烦恼，心灵净化，灵魂升华。

诗人创造意境的如椽妙笔，常常隐藏于无心无意、平淡如水的文字中；诗中深涵奥妙的意境，常常给人以会心一笑的滋润；诗人深藏不露的高人风度，常常穿行于山水田园、清风明月的字里行间。

读《辋川集》和与辋川有关的王维诗歌，能读到王维的心声，能看到他对山水田园的痴情，甚至于沉醉。但也能体察到他沉溺于山水之乐的同时，内心深处的一丝丝不平和骚动、梦想和渴望。他虽然对政治失望，对仕途失落，但对人生的希望还没有幻灭。

比如《孟城坳》"来者复为谁？空悲昔人有"的叹息；《华子冈》的"上下华子冈，惆怅情何极"的惆怅；《文杏馆》的"不知栋云里，去作人间雨"的渴望；《漆园》"古人非傲吏，自阙经世务"的自嘲，都是在自然自在状态中的"心底微澜"。

即或是"独坐幽篁里，弹琴复长啸"的享受孤独，也能感受到诗人那颗跳动的心是需要"明月来相照"的。

《辋川集》的意象丰富、言近旨远，不同的人阅读，会有不同的体验和认同。如果和裴迪的诗对照看，更能体会王维的高深、朦胧，乃至于混沌。

但通盘看，《辋川集》给人的并非万念俱灰的"死寂"，而是跃动着勃勃生机的自然之美和心灵释放。讴歌辋川的山水田园，抒发自己的云水襟怀，展现人与自然和谐相处的"大自在"！

《辋川集》创造的这种"范式"，成为一种标杆，使后世诗人纷纷效法。

在众多仿品中，最有名的是韩愈的《奉和虢州刘给事使君三堂新题二十一咏》和苏轼的《次韵子由岐下诗并序》。

韩愈虽然也模拟空灵澄澈的审美趣味和诗歌风格，二十一首诗也达到了清绮的境界，但他内心的淡定和审美的超逸，还没有达到王维的地步。所以有论者说他是"淡泊而时现焦躁，偏于理性，情多于韵"，王维是"境随心转"，而韩愈则"心随物动"。

苏轼创作的组诗《岐下诗》，最接近《辋川集》的风度，洒脱、灵动、有趣，有深深的苏轼烙印，又有宋诗"以文为诗"的新变。

四

王维的音乐才能来自祖父，王维的绘画才能继承于母亲崔氏。

王维营造辋川别业的初心，是让年轻守寡、笃信佛教的母亲有一个静心修行之所。

宋之问原有的蓝田山庄，虽处于辋川的孟城下、欹湖边，景色绝佳，但不够清静。

所以这次造园，王维特别堪舆，选定飞云岭下一块宝地，营造草堂精舍，专供母亲清净修佛。

这是体现王维"孝心"、体现王维"佛心"的核心建筑。所以除了禅宗自然古朴的建筑风格外，王维特意设计一幅壁画《辋川图》，把辋川的山水田园和生活图景，浓缩展示，表达对母亲教育自己学画的感激，同时也是整个辋川别业园林建造的点睛之笔。

王维少年跟随母亲学画，长大后博采众长，转益多师，开创了水墨山水画和文人画的流派。

到辋川时，正值盛年，多年历练，积累成熟，又恰遇辋川的大好河山，加上自己匠心独具的辋川别墅，使他的绘画创作登上高峰。

依据辋川别墅园林景色创作的《辋川图》，一经问世，便在唐代画坛轰动一时，争相观赏临摹者络绎不绝。

据唐张彦远《历代名画记》记载"清源寺壁上画辋川，笔力雄壮……余曾见泼墨山水，笔迹劲爽"。可见《辋川图》当时就有壁画版本和绢质版本两种，且用笔方式和绘画风格也有差异。

有论者说，原本只有绢质的《辋川图》，后来因为慕名前来观赏和临摹的人太多，王维就在墙壁上又画一幅，供大家观赏临摹。

其实，这是一种误解。

王维在创作壁画时，肯定先画底稿，必然有不少绢质的蓝本。最终作品肯定是壁画《辋川图》。

随着时间的推移，壁画侵蚀损毁无存。绢质本《辋川图》便成为正宗，广泛流传，历来被画家誉为"神品""妙品"，与王羲之的《兰亭集序》书法一样，传为神话。北宋词人宋方回有诗写道："右军兰亭未足夸，摩诘辋川焉可拟。"

只可惜越是好的宝贝，消失得越快。到了宋代《辋川图》真迹已无法看到。宋徽宗酷爱绘画，皇家收藏的王维真迹一百二十余件，但恰恰就没有《辋川图》。

在唐代就有许多仿品出现，唐以后仿品已泛滥。

现存最好的《辋川图》是北宋郭忠恕的摹本，保存于美国西雅图。还有元代赵孟𫖯临摹的《辋川图》，保存于大英博物馆。另有元代商琦摹本《辋川图》，保存于日本圣福寺。董其昌、文征明、郭启元等名家，也都临摹过王维的《辋川图》。台湾故宫博物院藏有文征明的摹本《辋川图》。

值得庆幸的是，蓝田县有几位县令，有文化，有情怀，也懂艺术。在任时，设法刻制《辋川图》石刻，留存至今，使我们得以看到《辋川图》的大概。

明嘉靖九年（1530），县令韩瓒刻制《辋川四景图》（规格长74厘米，宽56厘米）。明万历三十一年（1603），县令王帮才刻制《辋川图》（规格长126厘米，宽92厘米）。明万历四十五年（1617），县令沈国华刻制《辋川图》（规格长104厘米，宽30厘米）。清道光十七年（1891），县令胡元瑛刻制《辋川图》（规格长80厘米，宽60厘米）。

这四次刻制的《辋川图》石刻，如今都保存在蓝田文物馆。

最珍贵的是万历四十五年沈国华的刻本。石刻共六块，每一块长104厘米，宽30厘米。是沈国华苦心寻找到郭忠恕的摹本，又从自己家乡找来高级刻工郭世元刻制而成。专家认为，这是最接近王维《辋川图》原貌的石刻。

仔细看这一组石刻，辋川二十景，只有十九景，缺少"辛夷坞"。县令沈国华在《题郭淑六重摹辋川图后》说："按辋川景目有辛夷坞，纠题颂却脱漏，遍寻绎俱涉影响，故仍阙之。今图景近处，有母塔坟、鹿苑寺，山树更葱蒨可爱，乃右丞未之写，写当在其母未羕、宅未施寺之日也，也不敢僭为之补，以贻貂续之诮云。"

从流传下来的摹本可以看出，画面以别墅为主体与中心，向外徐徐展开，形成长 480.7 厘米、高 29.9 厘米的长卷。构图采用中国画的散点透视法，居高俯瞰的视角，把层层深入的别墅、精舍及错落山水之间的辋川二十景，完全地呈现在观者眼前。别墅内，楼阁刻画精细；别墅外，云水流肆，舟楫往还，游人、渔夫逸然自乐。

整个画的意境，神韵淡远，悠然超尘，画思入神，绘功精巧，天机所到，学者不及。

《辋川图》里的人物，幅巾杖履，或棋奕茗饮，或赋诗自娱，人人儒冠羽衣，个个意态萧然，与群贤毕至、少长咸集那种盛况迥然不同，是一种闲云野鹤的雅聚状态。

《辋川图》精彩呈现了王维心中的山居生活理想状态，叙事性的连景处理手法，使静止的画面出现流动的韵律感，合乎人们流连山水的心理节奏，创造了一种新的山水画形式。

宋代苏东坡、秦观、辛弃疾、黄庭坚、欧阳修等都在诗词中赞扬《辋川图》或者引用《辋川图》为典故。秦观曾记录自己观看《辋川图》治病的故事。

《辋川图》在日本、韩国美术界影响也很大，被奉为中国山水画的正宗。尤其是韩国，评价山水画的最高标准就是拿《辋川图》作标尺。

<h1 style="text-align:center">五</h1>

王维十九岁时，就倾慕陶渊明，并写了《桃源行》，畅想"坐看红树不知远，行尽青溪不见人""遥看一处攒云树，近入千家散花竹""月明松下房栊静，日出云中鸡犬喧"的宜居天地。

如今，他终于按自己的理想营造了一个"桃花源"。他无比自豪，无比得意，也无比享受。

他在给朋友裴迪的信中，很是唠瑟了一阵：

> 北涉玄灞，清月映郭。夜登华子冈，辋水沦涟，与月上下。寒山远火，明灭林外。深巷寒犬，吠声如豹。村墟夜舂，复与疏钟相间。此时独坐，僮仆静默，多思曩昔，携手赋诗，步仄径，临清流也。
>
> 当待春中，草木蔓发，春山可望，轻鲦出水，白鸥矫翼，露湿青皋，麦陇朝雊。

他因公务离开辋川一段，便思念心切，归心似箭：

> 不到东山向一年，归来才及种春田。
> 雨中草色绿堪染，水上桃花红欲然。
> 优娄比丘经论学，伛偻丈人乡里贤。
> 披衣倒屣且相见，相欢语笑衡门前。

从唐天宝二年（743）到唐天宝十四载（755）安史之乱，王维在辋川度过了他人生中最安逸的"亦官亦隐"的日子，也是他诗歌绘画创作的丰收期。除了《辋川集》《辋川图》外，他还创作了大量山水诗、山水画，都堪称精品。

安史之乱，王维陷贼，受尽屈辱，又被迫担任"伪职"，成为一生"噩梦"。

平叛后虽得到皇帝宽宥，最后还逐步升职，成为"德高望重的老干部"。但"人生几许伤心事，不想空门何处寻"，王维彻底皈依佛门，把自己精心营造的辋川别业，"舍庄为寺"。

"辋川田园交响曲"，余音绕梁。

佛教的"清源寺"，在辋川的山水中晨钟暮鼓。

走进辋川

辋川，是王维的桃花源，是唐诗的纪念碑。

辋川，是王维的安葬之地，也是王维的灵魂家园。

王维一生坎坷，外面的万般苦恼，只有到了辋川，灵魂才能得到栖息滋养。

王维多才多艺，也只有回到辋川，才情才可以尽情挥洒，迸发出无穷的创造力。

读懂王维，走近王维，就得走进辋川。

一

一个深秋的下午，蓝田县土生土长的王维研究专家张效东先生陪同我走进辋川。

一路上，张先生如数家珍地为我介绍辋川的点点滴滴。我也和他拉呱辋川的前世今生。

辋川，原本是陕西蓝田县东南一个小山谷，此处风景秀丽，如诗如画，但"养在深闺人未识"，寂寂无闻于秦岭北麓余脉。

南北朝的东晋末年，宋武皇帝刘裕挥兵北进，占领长安。但南方的士兵不习惯西北的黄土高坡，思念南方的山清水秀，军心不稳。一次行军路过辋川，看见此地景色恰似江南，刘裕便在这里建起一个城堡，叫"思乡城"，凡思乡心切者，就到这里小住一段，以解乡愁。

这就是辋川的第一次青史留名。

到了唐代初年，有个诗人叫宋之问，是隰州人，也就是今天的山西汾阳人。人长得"帅"，诗也写得"好"，还特别会讨好武则天。武则天称帝后，宋之问"出入侍从，礼遇尤宠"。

一次，武则天游洛阳龙门，命群臣赋诗。左使东方虬先交卷，武后一看大喜，赐予锦袍。等到宋之问呈上《龙门应制》，武后又惊艳宋之问的诗，与自己的贴身秘书上官婉儿一合计，觉得还是宋之问的诗更高一筹，又从东方虬的手里要回锦袍，转赐宋之问。

据说宋之问看晚年的武则天"雅好男色"，甚至想"以身相许"，只可惜武则天嫌弃他有口臭，喜欢归喜欢，重用归重用，但没有让他上床。

这个宋之问，不知道如何发现辋川这一风景绝佳之地，悄没声地在这里建了一个"别业"，号称"蓝田山庄"，吟咏着"辋川朝伐木，蓝水暮浇田。独与秦山老，相欢春酒前"的诗句，享受士大夫的闲情逸致。

如今我们看到宋之问的《蓝田山庄》《别之望后独宿蓝田山庄》《见南山夕阳召监师不至》等诗，就诞生于此。

公元705年，宫廷政变，武则天被逼退位，唐中宗复位。宋之问被贬泷州（广东罗定），后又潜逃回洛阳，以投机钻营、告密等手段谋得高位，但却又一次卷入宫廷斗争中，再次被贬。最终在唐玄宗继位后，宋之问被"赐死于徙所"。

宋之问死后，蓝田山庄就流落在其弟弟宋之悌手里。宋之悌乃一骁勇过人的"武人"，不懂吟风弄月，哪有心思照看这个山沟里的"破院子"？空落破败，无人打理。三十年后，宋家的后人考虑出手卖掉。

这个接手的买主，就是当时的大诗人、大名士王维。

唐天宝二年（743），王维得手蓝田山庄，更名为"辋川别业"。

从此，这里诞生了山水诗的典范《辋川集》、水墨山水画的"神品"《辋川图》、写意山水园林的杰作"辋川别业"，号称"辋川三绝"。

王维在世时，风流雅士纷纷慕名而来雅聚，甚至选择辋川附近造房比邻而居。

王维去世后，文人墨客络绎不绝地拜访，今日仍为唐诗圣地、网红景区。

辋川，因王维而知名于中国诗歌史、中国美术史、中国园林史、中国宗教史。

二

蓝田县在西安的东南方向二十多公里，辋川又在蓝田县城东南六点五公里。我们开车走公路，从西安到辋川不到一个小时车程。

但当年王维从长安骑马回到辋川，大概要一整天时间。

如此看来，辋川虽好，王维在朝廷上班，也不可能每天"早去晚归"，只能在规定的"休沐"期间，才能到辋川享受明月清风。

辋川，是一条东南西北走向的川地峡谷，总长大约十一公里，宽度三百到五百米，四周山岭起伏参差，最高海拔一千六百米。山上有许许多多泉眼，泉水汇成溪流，溪流汇入谷底的欹湖，欹湖下泄成辋水河，辋水最后汇入灞河。如果从空中俯瞰山谷，泉水、溪流、欹湖，形如车轮的"辋"，故名"辋川"。

当年，这里生态丰富，气候适中。

这里植物有"红萼""茱萸""垂柳""宫槐""幽篁""木兰""荷花""菰蒲""松树""椒树""漆树""斤竹""藤萝"等。

这里动物有"鹿""麝""白鹭""山鸟"等。

这里地形地貌有"冈""岭""垞""谷""涧""河""湖""坞""泉""滩""濑""汴"等。

这里的生活图景是可耕、可牧、可渔、可猎、可休闲、可参禅、可独处、可宴集。

绝佳的自然景色，良好的地理条件，多样的生态构成，为王维的园林建造、诗歌创作和绘画突破，提供了现实条件，激发了艺术灵感。

原本寂寂无闻的辋川，因为王维的诗画而名噪古今，成为诗歌和绘画的艺术高地。

这个弹丸之地也因此有了一部专门的地理专著《辋川志》，志书分为图考、名胜、人物、金石、杂记、文征六卷，集前人各类文图之大成，启今人思接千载之幽情。

《辋川志》作者是胡元溁，字筱碧，江西新建人。道光年间，他在陕西蓝田任知县，编写了《辋川志》，也算是为官一任，造福一方的"雅举功德"。

张效东先生是蓝田县王维研究会会长，对辋川一往情深，也深有研究。他说他依据资料和现场查勘，已初步找到了王维《辋川集》的二十个景点原址。

从进入辋川谷口开始，张先生就不断叫停车，下来给我指认"这个是白石滩"，那个是"华子冈"，左边远处那个是"北垞"，右边远处那个是"南垞"，那个桥下一大片河滩地，就是干涸了的欹湖。

我调侃说：《辋川集》我最喜欢'独坐幽篁里，弹琴复长啸。深林人不知，明月来相照'。今晚是否可以抱一把古琴，月夜长啸，去'事发地'体验一把？"

张先生哈哈大笑，他说："地址可以找到，那个意境已不复存在，还是欣赏王维的诗，把完美留在心底。真到了实地，你会失望、失落的。"

我同张先生赶往大桥上，寻找当年碧波万顷的欹湖遗迹，除了一滩荒草乱石和蜿蜒流淌的辋水，就是山崖上新刻画的王维头像与欹湖二字。当年王维"吹箫凌极浦，日暮送夫君。湖上一回首，山青卷白云"的欹湖，不知何时竟干涸如此？

张先生说，据蓝田县志记载，公元771年4月、879年2月，蓝田"地大震，有声如雷，山裂水出"。可能是这两次地震，造成地形改变，欹湖消失。因为晚唐的几个诗人耿湋、白居易、元稹前来辋川拜谒，所写诗歌中只提辋水，没有提到欹湖，说明那个时候欹湖已不存在了。

穿过崎岖小路，进入荒草丛生的沟壑边，一汪水池，清可鉴人。张先生说，这就是王维当年所写的"金屑泉"。

据当地人说，这口泉水可以满足他们闫家村几十户人家饮用，而且水质特殊，保健作用突出。做粥，口感格外"油"，做豆腐，同样一斤黄豆，用这个泉水比其他水可以多做出半斤豆腐。看来王维的"日饮金屑泉，少当千余岁"所言不虚。

隔着车窗，我看见一处"辋口庄"的牌坊，还有"大唐王维苑"字样，很醒目。我急忙问张先生："这不是辋川

76

别墅吗？咋不停一下？"

张先生笑着说："这是个农家乐，糊弄外面人的。"

路边不少农家小院的围墙上，隔三岔五闪出"唐诗意境图"，而且大多是王维的诗画配。院墙的砖瓦颜色和拼图也很讲究。

张先生告诉我，当地政府曾有设想，把辋川打造成"唐诗小镇"，这些诗画配还有刚才看到山崖上的王维头像，虽不精美，也算是个"起步"吧。

到了辋川镇官上村，张先生拿出打印的《辋川集》，读着"新家孟城口，古木余衰柳。来者复为谁？空悲昔人有"。指着一片篮球场说，这里才是真的"辋川别墅"，王维购买宋之问蓝田山庄的地方，也是王维到辋川的第一个居所。

这里的确是整个辋川山谷最宽大的一块平地，也是紧邻欹湖的岸边高地。

张先生带我走"宫槐陌"，指给我看当年"渡头余落日，墟里上孤烟"的渡头。望着大片干涸的河滩，杂树包裹的所谓渡头，已难想象当年那"渡头灯火起，处处采菱归"的诗情画意了。

村里几位八十多岁的老人，也跟随说，他们儿时如何攀爬高大的古槐，并说总共十三棵大槐树，最大一棵要三四个人才能合抱。20 世纪 50 年代，古槐全部被砍伐。

我问他们："你们知道王维不？"

他们笑着说："知道知道，这咋能不知道呢？"

"你们知道《辋川集》吗？"

"是在辋川赶集买东西的事？我们打小就常常赶集，热闹得很！"

张先生听我们的问答，尴尬地笑笑，对老人们说："说岔咧，说岔咧。"

当年刘裕所建"思乡城"就在这里。王维搬来时，古城尚在，只是破落，柳树衰老，神采犹在。唐时从长安出发，经蓝田而南行至荆襄的一条道路通过这里，这里也是周转休息之地，商业应当还算繁华。

近代以来，这里是辋川一带的政治经济文化中心。撤乡并镇前，这里是辋川乡政府所在地。

可见老人们说《辋川集》是赶集，其实也是实情。

我一直疑惑：王维既然买了宋之问此地的蓝田山庄，为何又跑到山脚下再建一个居所？是规模小不够用，还是不满意？两者是各自独立，还是扩大建设连为一体？

张先生分析说，这里虽风景绝佳，但不够清静，王维母亲静修参禅，不愿意被人打扰，所以才又另选偏远的地方新建第二居所。两个居所各自独立，这个地方为王维和弟弟王缙居住休息，清源寺那个地方，为王维母亲参禅静修之所。

我和张先生讨论，整个辋川都是王维的私人园林，还是只有这两个居所是王维私人产权？二十个景点是共有的自然景观，还是王维私家园林的人造景观？

我们都认为，以王维的财力、理念、做派，他都不可能把偌大一个辋川圈为己有，建造园林。他真正私有的产权，就是这两个居所，再加上一些小型的竹林、花圃之类。

《辋川集》所吟咏的二十个景点，大多数是散布于辋川各处的自然景观，被王维发现、命名、点化，引起大家注意。几个人工建筑如临湖厅等，也许就是王维出资建设的"公共建筑"。

从王维的诗里也可以看出，这里原本住着很多居民，他们"披衣倒屣且相见，相欢语笑衡门前"，王维与他们相处和睦亲密，不会赶走他们，圈地造园，去独享这份山水之乐。

从孟城坳的第一居所，驱车到王维母亲静修并安葬的第二居所辋川镇白家坪村，两者相距五公里，且道路很不好走。由此可以推知，两处居所不会是扩建连为一体，而是各自独立的。

这里是辋川偏东南的飞云山麓一个山坳，居高临下，可以俯瞰整个川谷地带，又深藏不露，隐秘而封闭，是一个适宜闭关静修的绝佳处所。

怪不得王维选择这里为母亲营建"草堂精舍"。

也难怪50年代"三线建设"时，一个涉密的军工企业"向阳公司"也选择这里建厂。

王维晚年上表皇帝舍庄为寺，把自己苦心经营的辋川别墅捐为"清源寺"（宋代又改名为"鹿苑寺"）。王维和母亲都安葬于此。

据《辋川志》记载，明代万历四十五年（1617），蓝田县令沈国华激愤于王维的《辋川图》被粗制滥造地模仿，苦心求得陕西收藏家来复收藏的北宋郭忠恕的《辋川图》模本，用心寻找能工巧匠，完成《辋川图》石刻，镶嵌于鹿苑寺墙壁上，供人欣赏。

张先生说，这些石刻《辋川图》，清代就收藏到别的库房，现在是蓝田县文物馆的镇馆之宝。

《辋川志》记载，鹿苑寺旁有王维母子墓地，背依飞云岭，前临辋川河，占地约十三亩。墓前有两个清代碑刻，一个是乾隆四十一年（1776）督邮程兆声所立，一个是当时的陕西巡抚毕沅所立。

鹿苑寺前原有"王右丞祠"，始建于何年代，已不可考。《辋川志》只是记载了清乾隆四十六年（1781）和道光十五年（1835），当地官员带头捐款并发动群众劝捐重建的事实。

只可惜特殊年代的"三线建设"，选中了这块风水宝地，鹿苑寺、王右丞祠、墓地及墓碑等一律铲平。王维母子的墓地被压在新建的厂房下，"唐右丞王公维墓"的碑石，当作石料，砌在水洞里。

向阳公司的大门紧闭，隔着大门栏栅，张先生指给我看王维和其母亲当年所安葬的大概地点。

厂房外，一棵高大的银杏树枝繁叶茂，黄灿灿的树叶在蓝天白云的衬托和夕阳照射下，如油画般绚烂。

树上悬挂西安市古树保护机构的标牌，树高二十六米，树围五米二，树冠二十五米，树龄一千二百余年。

树下立有一矮碑，上有"王维手植银杏树"字样。

清代乾隆年间有个进士、翰林编修叫冯敏昌，他撰写的《重修蓝田鹿苑寺并王右丞祠碑》说，乾隆四十六年（1781），重修鹿苑寺时，那棵"传为右丞手植而枯弊已久"的银杏树，"发秀重荣，开花再实……居人叹美，邑里称奇"。

可见这棵古银杏，几经死生，大有来历，极具传奇，也是我们如今唯一能看到的"唐代遗物"了。

银杏树旁边又有一石碑，上刻"鹿苑寺"，背面有文字介绍，列为文物保护云云。

站在古树旁边，回看夕阳残照下的辋川山水，令人感慨万端。当年自然风景绝佳、造园艺术高超的"辋川别墅"，已踪影全无。只有起伏的山峦勾勒出金色的曲线，如彩练当空，缠绕山间的公路似玉带在深秋的青翠中飘逸，川底平坦的河床上，辋水在草丛的掩没下默默流淌，偶尔裸露在夕阳下的河段，泛出闪烁的光芒。

成群的花斑大蚊子开始热情接待我们，口口见血。

也许，这蚊子也是懂唐诗的"蚊才"吧，急于向我们诉说辋川的故事。

送你漂洋过海去

　　唐天宝十二载，也就是公元 753 年。开国一百三十五年的唐王朝，已经达到鼎盛的巅峰，经济富庶，政治安定，国威远播，万国来朝。

　　这一年，在皇帝龙椅上坐了四十一年的唐玄宗，从"爱江山"到"更爱美人"，曾经是自己儿媳妇的杨玉环，成了他万千宠爱在一身的"心肝宝贝儿"。

　　杨玉环的堂哥杨国忠也接替李林甫当上宰相，飞扬跋扈比李林甫有过之而无不及。

　　把持宰相权柄十九年的一世奸雄李林甫，去年刚刚死去，就被继任者杨国忠翻旧账，二月十一日，唐玄宗李隆基下诏：剥夺李林甫所有封爵官位，子孙中当官的全部革职，流放岭南。尚未葬埋的李林甫，被劈开棺材，从口中挖出所含珍珠，剥去紫袍。

　　这一年，安禄山与杨国忠虽然都很受唐玄宗恩宠，但两人却水火不容。杨国忠不断组织人打小报告说"安禄山谋反"，唐玄宗不信，还继续给安禄山加官封爵。安禄山本来想等唐玄宗退位后再谋反，但在杨国忠的反复刺激下，悄悄地提前谋划叛乱。

这一年，王维五十三岁，刚刚结束丁母之忧不久，回到朝廷在文部当差，官职是文部郎中，级别是正五品上。上班之余，就在自己的辋川庄园参禅打坐，沉浸山水之乐。

这一年，有一个叫晁衡的官员要辞职回日本探亲。他原本是日本人，原名叫阿倍仲麻吕，是日本的贵族子弟，晁衡是他的汉名。

唐王朝鼎盛的时候，周边各个国家被盛唐的繁华气象所吸引，纷纷派遣留学生前来学习先进的大唐文化知识、文明礼仪。

日本虽然与唐朝远隔重洋，但却是学习唐文化最卖力、最虔诚的国家，先后派来大批遣唐使，潜心学习大唐先进文化。并有不少日本留学生参加唐朝的科举考试，被选拔到唐朝公务员队伍里当起"唐官"来。

其中这个叫阿倍仲麻吕的，就是典型代表。

唐开元五年（717）3月，十九岁的阿倍仲麻吕从大阪出发来大唐留学。到达大唐后不久，阿倍仲麻吕就入了国子监太学，攻读《礼记》《周礼》《礼仪》《诗经》《左传》等经典。

阿倍仲麻吕聪敏勤奋，学习成绩好，也会来事，和当朝的文人雅士来往颇多。太学毕业后参加科试，一举考中进士，成为极其少有的外国籍进士。遂更名为晁衡，决心留在唐朝发展深造。

唐开元十三年（725），晁衡正式就任唐朝官员，当了正九品的洛阳司经校书，主要工作是负责典籍整理。晁衡的才华和勤勉严谨，得到朝廷的赏识，不久他被任命为左春坊司经局校书，职掌校理刊正经史子集四库之图书，虽然级别还是正九品，但有个新职责：陪太子李瑛读书。这地位自非寻常。

唐开元十九年（731），晁衡擢任门下省左补阙，升官了，级别是从七品上，职掌供俸、讽谏、扈从、乘舆等事。这个职务，是皇帝身边的近臣，经常有机会接触唐玄宗，因而他的学识、才华、作风，被皇帝赏识，不断升官晋爵。

唐天宝十二载（753）这一年，晁衡申请回国探亲时，他已经身居秘书监的高位，级别是从三品。

他原本是热爱大唐文化而自愿参加科举考试，拿了"绿卡"，当了唐王朝的高官。但他现在又思念家乡父老，要求随着日本新近来的一批遣唐使回国。

申请报告递到唐玄宗李隆基手里，唐玄宗很是不舍。

可是，这已经是晁衡第二次申请回国探亲了。二十年前，他曾经以双亲年迈需要照料为由申请回国，被唐玄宗挽留下来。这一次，他当年一同来留学的同学藤源清河作为日本的遣唐副大使来到长安，又勾起他的思乡、思亲之情。况且，晁衡已是五十六岁的老同志了，来大唐也已经三十七年。

"从此君王不早朝"的唐玄宗，对外交还是很重视的，对晁衡更是器重有加。唐玄宗考虑再三，想出了个两全之策：任命晁衡为唐王朝的使节，出使日本，兼及探亲。

唐玄宗还为此搞了一个豪华的送别，自己亲自赋诗一首《送日本使》。王维、储光羲、包佶、赵骅等人也一起赋诗送别，晁衡也作诗留别。

在诸多送别诗中，王维的《送秘书晁监还日本国》最出彩，也极负盛誉。

不过，这次送别，不仅有诗词佳话，还牵扯许多后话。

这一次豪华送别，在当时大唐王朝"万国衣冠拜冕旒"的"大国外交"中，也许只是一朵小小浪花，但却可以从中折射出一些文化心态和外交格局。

唐朝时期，外交的重点在西域一带，吐蕃、回鹘、匈奴等周边民族和唐王朝三天和亲、两天开战，一会儿归顺，一会儿独立，今天朝贡，明天侵略。尤其是唐开元、天宝年间，阿拉伯国家大食的势力由西向东扩张，吐蕃的势力由南向北蚕食，唐王朝的势力也大举由东向西推进，三方在西域这一带角力，大小规模的战争、合纵连横的外交，一时风云际会。

就在这次送别活动之前的唐天宝十载，唐朝的安西节度使高仙芝征讨石国，石国王子跑到阿拉伯引来大食兵马，与唐军在怛罗斯（今天的哈萨克斯坦一带）大战一场。

相对西域的剑拔弩张，东亚的新罗、日本，与唐王朝当时算是稳定的友好关系。新罗和日本与大唐互遣使节、互通贸易，还派出大量留学生到唐朝学习政治、经济、文化、建筑、医学、天文、历法、诗歌、纺织等。新罗的都城平壤和日本的都城京都，都是仿照当时的长安城来建设的。

尤其是日本，当时正处于奴隶制解体，封建制开始确立，"大化改新"刚刚起步，对唐王朝的繁荣昌盛很是仰慕，决心克服艰难险阻、远涉重洋前来学习取经。前后十几次派出遣唐使到唐朝全面学习典章制度、文学典籍、建筑技术、宗教医药等。日本仿照唐王朝，逐步建立了中央集权的行政制度，经济上也颁布实施了均田制和租庸调制，文字上也参照汉字创立了平假名和片假名，形成带有汉文化痕迹的日本文字。

应该说，在诸多学习中国唐朝的国家中，日本是个优等生，他们那股子虚心和真诚、刻苦和韧性、学以致用和付诸实践，都让唐王朝看在眼里，记在心里。

这一次日本遣唐使和各个国家使节一起参拜唐玄宗时，在晁衡的暗中提醒下，唐玄宗特意把日本使节的座次调整到前排的位置，以示看重。

欢送晁衡回日本，看似是一场普通外交礼仪，其实是一场大有深意的政治外交活动。晁衡在朝为官三十余载，顺风顺水，一路升迁，深得唐玄宗赏识。除了晁衡的忠心和才能之外，他这个日本贵族子弟的身份，也是一个重要的外交考量。就像皇帝的妃子是否受宠，除了美貌以外，家族的势力、背景，也是考量的重点。

晁衡当时任职的秘书省，是直接为皇家服务的专门机构，主要为皇帝掌管图籍档案，类似今天的皇家档案馆。秘书监就是秘书省的一把手。日本王室觉得本国的子弟在大唐居此高位，那对大唐的崇拜、敬仰和亲近自然就多了一层。

这次晁衡归国探亲，唐玄宗又破例任命他以唐王朝送行使者的身份，随同日本遣唐使一起往日本"答聘"，既体现对晁衡的隆恩浩荡，也可以看出对日本外交关系的看重。这一两全之策，充分体现唐玄宗的恩抚和笼络手段。

这一次豪华送别的时间大约在秋季九月份。地点史无记载，但推测可能在含元殿。因为日本遣唐使来的时候，唐玄宗就是在含元殿接见的。欢送的也不单单是一个晁衡，而是日本遣唐使团全体成员。参加的人，文武百官、文人雅士、各国外交使节等，欢聚一堂。

唐玄宗现场赋诗一首《送日本使》：

日下非殊俗，天中嘉会朝。

念余怀义远，矜尔畏途遥。

涨海宽秋月，归帆驶夕飙。

因惊彼君子，王化远昭昭。

诗一开头便说：你们脚下这片土地，是大唐王朝的都城长安，有着自己优秀的文化风物，不同于其他地方的风俗，长安是世界的经济文化中心，远近各国的使节、商人、僧侣、文人争相往来朝拜。

不愧是大唐雄主，起手就显出放眼天下的眼界和顾盼自雄的自信。"天中嘉会朝"一句，不仅是实写眼前日本遣唐使的前来朝拜，而且是寓指各国使臣的朝贡膜拜，表露出一种居高临下的姿态及包容四海的襟怀。

诗的颔联是说：你们感念我大唐天子的恩抚四方，我也赞赏你们不远万里虚心求学的精神。

虽属外交辞令，但也写得大气而又错落有致。

诗的颈联展望一下远行后的海上归程：秋月映照着涨潮的海面，更显得月色广阔无边，归去的航船趁着晚风驶向远方。很有画面感，也很有想象力。

诗的最后两句，又回到外交层面，惊喜你们日本有君子虚心求学之风，希望你们把大唐文明传播到遥远的地方，教化当地百姓。

唐玄宗的诗，既居高临下，顾盼自雄，又关怀抚慰，俨然长者；既胸怀天下，包容四海，又以我为中心，教化边远。不愧是政治家，处处从大处着眼。

唐玄宗李隆基是唐王朝在位时间最长的皇帝，也是唐王朝大有作为的皇帝，是他一手把唐王朝推到鼎盛，也是他一手把盛唐带进深渊。

但他的确是文武全才的一代英主，他的诗中表现出来的"唯唐为尊、君临天下"的心理和"教化四方、和睦友邦"的胸襟，是盛唐一代人的共有文化心态。

与晁衡交好的包佶，是唐天宝六载（747）进士，也是唐代知名诗人，后来也当过晁衡的这个"秘书监"。包佶也紧随着写了送别诗《送日本国聘贺使晁巨卿东归》：

> 上才生下国，东海是西邻。
> 九译蕃君使，千年圣主臣。
> 野情偏得礼，木性本含真。
> 锦帆乘风转，金装照地新。
> 孤城开蜃阁，晓日上朱轮。
> 早识来朝岁，涂山玉帛均。

聘贺使，是这次晁衡出使日本的新官衔，巨卿，是晁衡的字。诗中说，晁衡你这样的上等人才出生在下等小国，我们的东海才是你的西邻。日本多次派遣唐使来学习，长期尊敬我大唐为圣主。你们虽偏远却受到礼仪教化，民风很纯朴的本性得以提升。你今天乘着华丽的帆船，穿着崭新的衣服，向那海市蜃楼的地方，日出的东方航行。希望你早点回朝，我会拿出宝贵的玉帛与你分享。

虽然诗写得情真意切，格调明亮，诗意盎然，但骨子里还是"以唐为中心"的文化心态。

诗人赵骅也不甘人后，写下《送晁补阙归日本国》：

> 西掖承休浣，东隅返故林。

来称郯子学，归是越人吟。

马上秋郊远，舟中曙海阴。

知君怀魏阙，万里独摇心。

"来称郯子学，归是越人吟"，写晁衡漂洋过海来中国留学，像孔子向郯子学习一样虚心学习汉族文化，此番回去是"越人思乡"，眷恋故国。用"越人思乡"典故，就有点日本是边缘落后小国的意蕴。而"知君怀魏阙，万里独摇心"明确表现了晁衡作为大唐帝国的臣子对唐朝的怀念之情。

这首诗里同样也有中心与边缘、尊卑君臣的文化心态，盛唐人的优越感隐隐然浮动在诗里行间。

知名山水诗人储光羲和晁衡也是莫逆之交，他送别晁衡的诗是这样写的：

万国朝天中，东隅道最长。

吾生美无度，高驾仕春坊。

出入蓬山里，逍遥伊水傍。

伯鸾游太学，中夜一相望。

落日悬高殿，秋风入洞房。

屡言相去远，不觉生朝光。

这首诗的标题是《洛中贻晁校书衡》，从诗中的称呼和口吻来看，这首诗好像是晁衡第一次申请回国（最终未能成行）时写的送别诗。因为晁衡的职务是校书，地点是洛阳。看来两次送别的诗，被人弄混淆了。据说这首诗流传到日本，使储光羲在日本声名大震，日本奈良的诗仙祠里，就供奉有储光羲。

李白与晁衡本来很要好，晁衡还送给李白一件"日本裘"，李白高兴地在《送王屋山人魏万还王屋》诗中炫耀了一番："身著日本裘，昂藏出风尘。"又特别注明："裘则晁卿所赠，日本布为之。"

可是这次送别没有李白的份儿。李白这时已经被唐玄宗"赐金放还"，回归草民，到处云游。这个时候正在安徽的敬亭山，写那个"相看两不厌，唯有敬亭山"，压根儿不知道晁衡要回国探亲。

豪华的送别，让晁衡感慨不已，他写了一首《衔命还国作》的诗篇，赠答友人：

> 衔命将辞国，非才忝侍臣。
> 天中恋明主，海外忆慈亲。
> 伏奏违金阙，骖骒去玉津。
> 蓬莱乡路远，若木故园林。
> 西望怀恩日，东归感义辰。
> 平生一宝剑，留赠结交人。

诗中写出了自己不舍大唐、忠于皇帝，又思念双亲、归去尽孝的矛盾心情。

晁衡真有才，真仗义，早前送裘给李白，今天临走还把平生最喜爱的宝剑留赠朋友。

在开元、天宝年间的盛唐诗坛，王维的名气、地位很高，尤其是在京城、宫廷等上流社会，更是风头无两。各种社交场合，有没有王维出席，王维有没有赋诗，已经是一种政治待遇、外交礼仪、接待规格、宴游档次、朋友面子。

这次皇帝亲自组织的豪华送别，不能没有王维的出席，更不能没有王维的诗作。

何况，晁衡和王维也算得上相识很早、相交很久、相知很深的同僚、朋友。

王维为此次送晁衡回日本，花心思写了《送秘书晁监还日本国》一首诗并序，以序写人叙事，交代来龙去脉；以诗抒情伤怀，表达惜别思念。序以写实，汪洋恣肆；诗以传情，奇思妙想。

先看序：

> 舜觐群后，有苗不服。禹会诸侯，防风后至。动干戚之舞，兴斧钺之诛。乃贡九牧之金，始颁五瑞之玉。

从上古说起，历数历代君王或者推行仁德教化四方，或者耀武扬威镇服周边，才能使异域之君纳贡称臣，建立国际秩序。

这四句，引经据典，一句一典。

第一句用《尚书》《韩非子》中的典故，讲述舜帝是如何用仁德教化少数民族从而领导各方诸侯。

第二句用《国语》中的故事讲述禹帝对傲慢无理的防风氏"杀而戮之"，震慑四方。

第三句引用《韩非子》《国语》中的"干戚之舞""斧钺之诛"，讲述文武之道，恩威并用。

第四句用《国语》《舜典》中对错误的五种刑罚、对公侯伯子男的五种身份以佩戴的美玉区分，讲述建立规矩和秩序。

> 我开元天地大宝圣文神武应道皇帝，大道之
> 行，先天布化；乾元广运，涵育无垠。

这三句意思就是大唐皇帝，秉持天道，布化四方，边远之地都受到涵养化育。

> 若华为东道之标，戴胜为西门之候，岂甘心
> 于邛杖，非征贡于苞茅。亦由呼韩来朝，舍于蒲
> 陶之馆；卑弥遣使，报以蛟龙之锦。牺牲玉帛，
> 以将厚意；服食器用，不宝远物。百神受职，五
> 老告期。况乎戴发含齿，得不稽颡屈膝。

这一段用了一大堆典故，意思是说，东边的若华木，西边的戴胜玉，楚国的苞茅，蜀地的邛杖，都是自愿进贡，皇帝并不把这些当宝贝。凡是来朝拜的异域国王，我大唐都盛情接待，好吃好喝好住，还回赠丰厚礼品，传达皇帝圣恩。天子圣明，各路神仙各司其职，天上的五老也称许大唐正得天命之期。老百姓更是无论老幼都叩谢皇恩。

> 海东国日本为大，服圣人之训，有君子之风。
> 正朔本乎夏时，衣裳同乎汉制。

这一段介绍日本的基本国情及其与华夏民族的历史渊源，表扬日本是个好学生。

> 历岁方达，继旧好于行人；滔天无涯，贡方

92

物于天子。司仪加等，位在王侯之先；掌次改观，
不居蛮夷之邸。我无尔诈，尔无我虞。彼以好来，
废关弛禁。上敷文教，虚至实归。故人民杂居，
往来如市。

这一段讲述日本国不远万里、不避艰险，诚心与我大
唐交好，我们大唐也优待日本。凡是来我大唐访问、留学的，
都满载而归。双方政府互相信任、两国人民友好往来。

　　晁司马结发游圣，负笈辞亲，问礼于老聃，
学诗于子夏。鲁借车马，孔丘遂适于宗周；郑献
缟衣，季札始通于上国。名成太学，官至客卿。

这一段开始重点推出所送之主人晁衡。说他成人束发
后就辞别双亲，背着书箱来大唐学习圣人之经典，到大唐
后又四处求学问道，同时也让大唐了解了日本。在太学时
才名远扬，目前已经是大唐的高官。

这里有一点文字公案：其中直呼晁衡为"晁司马"，可
见晁衡是担任过"司马"这类职务，以王维对官场的熟稔、
对晁衡的了解、对文字的严谨，是不会在这样的外交场合
写错职务的。但其他历史书籍没有晁衡任司马的记载，这
个司马是节度使的军方司马，还是各个州郡都督府的地方
司马，或者是王爷府邸的王府司马？也算存疑吧。

　　必齐之姜，不归娶于高国；在楚犹晋，亦何
独于由余。

这一段用《左传》的典故，叙说晁衡学成后没有归国，在大唐娶了贵族之女成家，过得很开心，就像在日本一样，并无孤单之感。

> 游宦三年，愿以君羹遗母；不居一国，欲其
> 昼锦还乡。庄舄既显而思归，关羽报恩而终去。

用《左传》中颍考叔《史记》中项羽《史记》中庄舄、《三国志》中关羽四个人物故事，比喻晁衡热爱大唐、忠于朝廷，又思念亲人、欲衣锦还乡的矛盾心理。

> 于是稽首北阙，裹足东辕。箧命赐之衣，怀
> 敬问之诏。金简玉字，传道经于绝域之人；方鼎
> 彝樽，致分器于异姓之国。

这一段叙述晁衡获得皇帝批准，在皇宫的北门叩首告辞，裹好自己的脚开始远行。怀揣大唐皇帝问候日本国君主的诏书和赠予的鼎彝宝器，携带珍贵图书典籍，肩负传扬大唐文化的使命。

> 琅琊台上，回望龙门；碣石馆前，夐然鸟逝。

这一句，写晁衡临行之前的依依不舍，在东海边上的琅琊台频频回望长安附近的龙门，到了渤海中的碣石馆，才乘船像鸟儿快速离去。

> 鲸鱼喷浪，则万里倒回；鹢首乘云，则八风

94

却走。扶桑若荠，郁岛如萍。沃白日而簸三山，
浮苍天而吞九域。黄雀之风动地，黑蜃之气成云。
淼不知其所之，何相思之可寄。

这一段，开始描写想象中海上航行的艰难危险。海上
航行顺风时乘云驾雾，遇到鲸鱼喷浪则会寸步难行。日本
国就像一个小小的草芥浮在苍茫大海远处，巨大的海浪颠
簸时地动山摇，汹涌的海水似乎要吞没整个世界，海风刮
起来遮天蔽日，奇怪的海市蜃楼犹如黑云笼罩。你都不知
道自己身在何处，我对你的相思也不知道寄托何处。

嘻！去帝乡之故旧，觐本朝之君臣。咏七子
之诗，佩两国之印。布我王度，谕彼蕃臣。三寸
犹在，乐毅辞燕而未老；十年在外，信陵归魏而
逾尊。子其行乎，余赠言者。

你今天辞别大唐帝国的老朋友，回国去觐见你日本的
君王大臣。这么多朋友都前来赋诗相送，你又身佩两国的
官印，既是日本的臣子，又是大唐的使者。弘扬我大唐的
政教，使藩属国的君王文明进步。你回日本后可以像古时
的张仪、乐毅一样大有作为，也会像战国时的信陵君那样
更加受人尊敬。你现在要走了，我不能像富贵之人送你钱财，
而是学古时仁人的样子，送之以忠言。

六百余言的序，汪洋恣肆，铺排张扬，连贯用典，写
出了历史故事、政治外交、君臣关系、朋友交情，叙述了
晁衡远涉重洋前来求学的刻苦虚心、聪明好学，描画了晁
衡留任大唐为官的忠于职守，彰显了大唐对国际友人的宽

容、吸纳、信任、重用,也表达了晁衡即将离去的惆怅和惋惜。最后对晁衡回国寄予厚望并给予良好祝愿。

序文的政治水平、外交智慧、送别礼仪、文字表达,既有皇家公文的典范端庄,也有见识学养的才气飞扬。不熟知历史典故,很难体会到其中的精美奥妙。

欣赏完序,我们再来看王维的诗:

> 积水不可极, 安知沧海东。
> 九州何处远, 万里若乘空。
> 向国惟看日, 归帆但信风。
> 鳌身映天黑, 鱼眼射波红。
> 乡树扶桑外, 主人孤岛中。
> 别离方异域, 音信若为通。

开头四句,用叹息的句法写自己送别的心情,表达出路途的遥远和凶险,诗人自己的不舍和牵挂。

上来就是一声长叹:大海茫茫无际,哪里还知道大海以东是什么样子? 看似突如其来,实在意味深长,对晁衡辞行回国的海上风险表示深切忧虑,离愁别绪喷然而出。接着自问自答,九州到日本何其遥远? 恐怕只有插翅飞翔才可到达吧。

明代的胡震亨在其所著《唐音癸签》中赞叹说王维"积水不可极,安知沧海东",亦可谓工于发端矣。

接下来,又用四句描写晁衡归心似箭的心情和渡海的险象。

一直紧盯日出的方向,时刻观察信风把握航向,万一遇上遮天蔽日大鳌或者眼睛喷射出红光的怪鱼,相信你有战胜的超人勇敢和不凡神力。

"鳌身映天黑，鱼眼射波红"，这两句最是神来之笔，历来被人称道。诗中虚构出两种怪异凶险的动物，在海上兴风作浪，营造出一种"恐怖气氛"和"神秘色彩"，把渡海的风险写得惊心动魄。

清代王寿昌在其《小清华园诗谈》中说："王右丞之'鳌身映天黑，鱼眼射波红'……一韵之响，遂能振起百倍精神，此又不可不知者。"

最后四句写别后遥相思念的心情。

前两句侧重写晁衡回到日本，在孤岛中思念我，后两句侧重写他和我天各一方，我如何才能知道他的音信呢？

王维这首送别诗，写情，浓烈得层转不穷，一唱三叹；写景，展现得奇思妙想，惊心动魄。在所有送别晁衡的诗中，别开生面，独留芳华。

明代文学大家顾璘赞赏说：送日本无过之者。

王维的序和诗，各显其长，各展其妙，珠联璧合，互为一体。难怪唐代姚合编选的《极玄集》把这首诗放在首位，称其"诗家射雕手"中的高手。

晁衡一行在豪华的送别中"挥手从兹去"。

谁知等待他们的不是父母双亲的笑脸，而是一场海难和劫难。

九月欢送晁衡一行走后，唐玄宗便于十月十一日起驾往华清宫，与杨贵妃一起"温泉水暖洗凝脂"了，陪同前往的还有杨氏三姐妹虢国夫人、秦国夫人、韩国夫人。

晁衡与日本遣唐使一起辞别长安后，并没有直接回日本，而是到了扬州的延光寺拜访鉴真和尚。因为遣唐副大使藤原清河还有一项任务，就是代表日本君王邀请鉴真和尚东渡日本传习佛教戒律。

鉴真和尚此前曾经五次东渡日本，四次因故未能成行，一次被海浪冲击漂流到海南岛，过度劳累和失败的打击导致鉴真和尚双目失明。

晁衡与藤原清河九月从长安出发，十月到达扬州，向鉴真和尚递交了日本君王的诚挚邀请。鉴真和尚决心再次东渡，并与藤原清河等人做了充分准备。

十一月十六日，鉴真和尚随晁衡、藤原清河一行分乘四艘航船，从苏州张家港登船向日本进发。

船行海上，向着东方，惜别中国，驶往故乡，晁衡心潮逐浪，吟诗一首，抒发思乡之情：

> 翘首望长天，神驰奈良边。
>
> 三笠山顶上，想又皎月圆。

一路艰辛，好不容易行驶到琉球（今天的冲绳）附近，船队又突遭狂风恶浪。晁衡和藤原清河乘坐的大船不幸触礁，与另外三船失散。

十二月二十日，鉴真和尚等人到达日本，受到日本君王隆重欢迎和礼遇，鉴真被授为传灯法师，安排其在奈良东大寺建坛。鉴真和尚为圣武太上皇、光明皇太后、孝谦天皇等四百余人授戒，开日本佛教徒登坛受戒之始，并成为日本律宗创始者。

晁衡所乘船只失事的消息传回长安，晁衡的朋友都大为悲痛。没有赶上送行的李白在广陵遇到魏灏，得知晁衡遇难，更是悲天跄地，写下了《哭晁卿衡》：

日本晁卿辞帝都，征帆一片绕蓬壶。

明月不归沉碧海，白云愁色满苍梧。

李白这首诗，写晁衡隆重的辞别、渺茫的航行、高洁的沉海、满心的哀伤，借景物描写以抒发悼念之情，虽是哭得悲伤，但诗风依然是"浪漫而潇洒"。

其实，船遇难，是真的，但晁衡沉海死亡的消息是误传。

那艘失散的船只，海浪冲击，海风吹动，渐渐漂流到安南驩州一带，也就是今天越南荣市的海边。

一船人在海上漂泊几个月，看见海岸，欢呼着登岸。谁知上岸后，却遭到地方土匪的围攻抢劫，晁衡与藤原清河十几个人杀出重围，侥幸逃脱，其他一百六十多人命丧安南。

日本肯定是无法回去了，只有沿陆路返回大唐。

一千人朝行夜宿，忍饥挨饿，历尽九九八十一难，终于唐天宝十四载（755）六月返回长安。

大难不死的晁衡，看到李白哀悼自己的诗，感动得稀里哗啦，百感交集，当即和诗一首：

卅年长安住，归不到蓬壶。

一片望乡情，尽付水天处。

魂兮归来了，感君痛哭吾。

我更为君哭，不得长安住。

只是自己一身破衣烂衫，再也没有日本裘相赠了。

唐玄宗看到死里逃生的晁衡又回到长安，又惊又喜，安抚他们好生休息，还是安心在大唐当差吧。

这时的唐玄宗正在为那个胡人安禄山挠头。为了笼络这位尾大不掉的封疆大吏，唐玄宗加封他为左仆射，提拔他一个儿子为三品官、一个儿子为四品官，还把自己穿过的御袍从身上脱下赏赐给他。

可是，安禄山儿子安庆绪六月在长安大婚，唐玄宗亲自写诏书让他来长安一起观礼，安禄山竟然托词有病在身，拂了皇帝的美意。

七月，唐玄宗再次派宦官冯神威携带亲笔诏书，去征召安禄山前来京师，结果冯神威在宣读诏书时，安禄山只是盘腿坐在床上欠欠身子，也不下跪叩头。

安禄山狼子野心已昭然若揭，大唐已势如累卵。可是，十月四日，唐玄宗还是携贵妃前往华清宫泡温泉、赏歌舞了。

晁衡一边休息，一边看书，一边等候工作安排。

十一月九日，安禄山在范阳起兵造反，"渔阳鼙鼓动地来"。

大唐危急，长安危急，玄宗危急！

唐玄宗秘密地仓皇出逃蜀地，许多官员都被蒙在鼓里，未能扈从，被叛军所掳。被俘虏的官员就有当年送别晁衡最卖力的王维。但晁衡却紧随玄宗一路逃到益州（今天的成都），可见唐玄宗与晁衡关系的密切。

危难之中，原本太子地位岌岌可危的李亨登基继位，组织唐军克服长安、洛阳，迎接太上皇李隆基回宫，晁衡也随着回到长安。

已经是唐肃宗的李亨，任用晁衡为"左散骑常侍"。不久晁衡又兼安南都护、安南节度使。

而王维这时因被迫当过安禄山的"伪职"，正被囚禁在杨国忠的旧宅，等候发落。

李白也因安史之乱中跟着永王李璘站错了队，被流放夜郎。

唐上元二年（761），恢复职务又升任尚书右丞的王维在自己的辋川别业无疾而终，享年六十一岁。唐代宗指示收集王维的诗歌，编辑成册，并称王维是"天下文宗"。

唐上元三年（762），贫病交加的李白在安徽当涂的病床上写了《临终歌》，交给族叔李阳冰，溘然长逝，享年六十二岁。

同一年，唐玄宗逝于神龙殿，终年七十八岁。

唐大历五年（770），晁衡病死于长安，享年七十二岁。唐代宗追赠晁衡为从二品潞州大都督。

公元1978年，日本在奈良建立了"阿倍仲麻吕纪念碑"，颂扬纪念阿倍为中日友谊所做的贡献。

公元1979年，中国在西安兴庆公园的兴庆湖畔，也建立了晁衡纪念碑，由一代设计大师张锦秋设计，碑上镌刻着阿倍仲麻吕的生平业绩，还刻有他的《望乡》及李白的《哭晁卿衡》，供人瞻仰怀念。

公元2006年9月26日，晁衡侄子安倍犬养的后代安倍晋三，当选日本国第90代首相。

这个安倍能否像他的祖辈阿倍仲麻吕那样为中日友谊做出贡献？

让未来告诉我们吧。

命悬一线

安史之乱，使兴盛的大唐王朝命悬一线。

安史之乱，也使一个才名远扬的诗人命悬一线。

一

公元 755 年，大唐盛世，繁花似锦，万国朝拜。自负英明的唐玄宗，当了三十多年皇帝，也有了"皇帝疲劳症"，想当个"甩手掌柜"。自以为得计地为自己设计了"铁三角"：耍手段把儿媳妇杨玉环弄到手，心心念念玩高雅，卿卿我我玩爱情；选拔任用善于领会"圣意"、深知朕心的李林甫当宰相，替朕操持政务；一再为血统复杂、背景模糊的安禄山加授兵权，可以保卫边疆。

他曾得意地告诉亲信宦官高力士："朕今老矣，朝事付之宰相，边事付之诸将，夫复何忧？"

没承想，滋润的日子没过几天，李林甫"死了"，安禄山"反了"，杨玉环"折了"。

"渔阳鼙鼓动地来"，突发的"安史之乱"，使大唐嘎嘣一声"命悬一线"。安禄山打下洛阳，自立为大燕皇帝，派兵攻打潼关。唐玄宗仓皇出逃，奔向蜀地，"六军不发无奈何"，半道上一丈白绫把心肝宝贝杨玉环给"赐死"了。

皇帝跑了，满朝百官乱了，各自的命运犹如风吹柳絮随风散。

这时候，一个叫王维的"给事中"，也"命悬一线"。他本来想跟着皇帝也跑四川，但是皇帝要轻车简从，没带他。他又假扮平民，还吃药弄哑嗓子，企图混出长安，可是谁让他名气大呢？诗写得好，画画得好，琵琶弹得好，人又长得帅，被叛变的官员给认出来了。

安禄山虽然是一介武夫，却很喜欢附庸风雅，能唱会跳，尤其是有一绝活"胡旋舞"，让唐玄宗和杨贵妃百看不厌，每每捧腹大笑。一听下边大将张通儒报告逮住了王维，大喜过望。安禄山和王维也算是熟人，一个在边疆统兵，一个在朝中做吏，虽然关系疏淡，但谁都知道谁。安禄山读过王维的诗，看过王维的画，知道他是大才子，所以一听来报，就立马"颁旨"给以重用：照原样，还是"给事中"。可是王维拒不从命，还继续装哑巴。

看王维软抗，安禄山觉得杀了影响不好，放了可惜，用又不从，怎么办？那就"囚禁"。

先是在长安关押在杨国忠的府邸，后又押送到洛阳关押在菩提寺。

二

王维多才多艺，笃信佛教，审美趣味高雅，写诗著文很少铺排张扬。

但有一首诗，很奇特，全诗四句二十八个字，但题目就有三十九个字。

这首诗在后人看来，不如那"独在异乡为异客""劝君更尽一杯酒""红豆生南国""空山新雨后"等脍炙人口，但在王维的人生里，却是刻骨铭心、意义非常。其毕生的艺术价值、生命价值都融合在这首诗歌里。

这首诗的题目是：菩提寺禁裴迪来相看说逆贼等凝碧池上作音乐供奉人等举声便一时泪下私成口号诵示裴迪。

又长又绕吧？我试着断一下句，大家就明白了：菩提寺禁，裴迪来相看，说逆贼等凝碧池上作音乐，供奉人等举声便一时泪下，私成口号，诵示裴迪。

诗是七绝：

> 万户伤心生野烟，百官何日再朝天。
>
> 秋槐叶落空宫里，凝碧池头奏管弦。

诗的题目其实是一个序，讲述了这首诗创作的特殊背景。

当时（756），王维被安禄山囚禁在洛阳菩提寺，叫天天不灵，呼地地不应，多亏有个官场外的好友裴迪，费尽周折找到菩提寺看望他，并告诉他外面的各方形势：唐玄宗安全到达蜀地，太子李亨继位为肃宗，唐军和叛军正在对攻。其中就说了叛军在凝碧池设宴奏乐，把唐玄宗教坊里的乐工集中一起强行要他们演奏，众人拒绝演奏痛哭不已，有一个叫雷海清的，怒摔乐器，大骂贼首，被当场肢解而死。

王维听后，感慨万端，就口占一首七绝，并念给裴迪听。

这个裴迪，颇有才情，也笃信佛教，虽不是官场中人，但悟性很高。听了王维这一首随口吟出的诗歌，他立马意识到这是表明忠心气节的好诗，也是将来洗清王维罪名、还其清白的历史证据。他说："你再说一遍，让我背诵下来。"

走出菩提寺，裴迪就把这首诗加上长长的题目，到处传扬，尤其是设法传到新皇帝那里。

据说，这首诗起到了鼓舞士气、团结群众的作用，也传到新皇帝肃宗李亨耳朵里。他反复吟诵"百官何日再朝天"，十分喜悦，觉得这是忠心气节，也是人心向往啊。联系到皇家的不少亲戚都叛变投敌，尤其是宰相陈希烈、驸马爷张泊叛变后还对朝廷破口大骂，觉得囚禁中的王维忠心可嘉。

三

和王维同时期的诗人岑参，有一句很有名的诗"马上相逢无纸笔，凭君传语报平安"（《逢入京使》）。囚禁中的王维，是"狱中"相逢无纸笔，凭君传语"表忠心"，让朋友们、同僚们知道我王维虽被任命了"给事中"，但我身陷囹圄，心在朝廷。

这是一首在大灾大难面前、历史紧要关头表明政治立场的"政治诗"。但诗还是要按诗的路子来，不能喊口号，依然要写得气韵生动，意象万千。

写安史之乱造成社会动荡、生灵涂炭，一句"万户伤心生野烟"，简括而有力度，比起李白的"流血涂野草，豺狼尽冠缨"，气象更高远；写对叛军的不满和愤怒，只用一个字"野"，野烟之意，曲尽其妙；写对局势的忧虑、对朝廷的渴望，"百官何日再朝天"，疑问句表达的却是期盼中透出必胜的信心；写伤怀往事，"秋槐叶落空宫里"，明明是群魔乱舞于昔日皇宫，逼迫梨园子弟奏乐，却偏偏着一

"空"字，伤感之中对叛军的蔑视，视若"不存在"；最后才点到悲惨故事，"凝碧池头奏管弦"，这里的"奏管弦"，由于是接了上面的那个"空"字，也有呼吁朝廷早日光复的意思。

"盛唐绝句妙在言外"，就是表忠心、言气节的诗歌，王维也还是写出了自己的大气、胸襟、意蕴，不像后人往往写得"露出筋骨"。

《唐诗援》评价这首诗说："有无限说不出处，而满腔悲愤俱在其中，非摩诘不能为。"

四

公元 757 年 10 月，唐军光复洛阳，王维终于盼到"百官再朝天"的时候。他盼着自己被解放，但占领洛阳的太子李俶，把他归到就任"伪职"的官员里，一并押解到长安，又一次关押在杨国忠的宅子里。

历史就是这样充满戏剧性，安禄山抓他，把他作为俘虏关在这个宅子里；朝廷光复了，他又作为囚徒关在这个宅子里。

对于就任伪职的人员怎么处置？朝廷争议一阵子，最后决定分六个等级定罪：杀头、赐死、重杖、贬谪、流放等。

王维又一次成了难题。说他叛变投敌，那是算不上；说他被任伪职，他啥坏事也没干；说他变节，好像还写过那首"百官何日再朝天"的诗，传唱得路人皆知；说他英勇斗争，那他怎么不像那个雷海清摔琴怒骂呢？

就任伪职，名册有证。

保持气节，有诗为证。

他是五品官，又是大名人，处置不好影响全局。

朝廷里面有高人，那就"囚着"，留一步"活棋"。

五

王维有个弟弟，叫王缙，也是个文武全才，诗没有哥哥写得好，但书法写得比哥哥强。安史之乱，王缙跟随李光弼坚守太原，抗敌平叛有功，被朝廷嘉奖任职为太原少尹、刑部侍郎。此时，王缙看出皇帝有心免去哥哥处罚，但又有顾虑，就上书奏明，请求用自己的官职为哥哥赎罪。

肃宗李亨很赏识王缙，也深爱王维之才，当年读到王维的那首诗时也深受感动，知道他的忠心和气节，遂正式任命王维为"太子中允"。这与他安史之乱前的"给事中"级别是一样的，都是正五品上阶。

终于官复原级了，王维感激涕零地赶快上表，谢主隆恩。《谢除太子中允表》刚刚上达朝廷，皇帝又加封了"集贤殿学士"衔。王维深知皇恩浩荡，又伏请肃宗御赐匾额，肃宗也欣然命笔；捧到皇帝墨宝，王维又上了《谢御书集贤院额表》，叩谢隆恩。

杜甫知道王维恢复官职，写诗致贺："中允声名久，如今契阔深。共传收庾信，不比得陈琳。一病缘明主，三年独此心。穷愁应有作，试诵白头吟。"（《奉赠王中允》）

为答谢朋友的理解和关心，王维也写了《既蒙宥罪旋复拜官伏感圣恩窃书鄙意兼奉简新除使君等诸公》：

> 忽蒙汉诏还冠冕，始觉殷王解网罗。
> 日比皇明犹自暗，天齐圣寿未云多。

107

花迎喜气皆知笑，鸟识欢心亦解歌。

闻道百城新佩印，迎来双阙共鸣珂。

命悬一线的大唐帝国恢复正统秩序，似乎又开始四海升平，"九天阊阖开宫殿，万国衣冠拜冕旒"。

命悬一线的王维也官复原级，重回朝堂，不久又改任"中书舍人"。

宫廷四重唱

安史之乱，使大唐王朝元气大伤。但老底子还在，收复两京后，中兴的表象又呈现在世人面前。

"天旋地转回龙驭"，前度"三郎"今又回，李隆基又从蜀地益州（成都）返回长安，只是他已不是皇帝了，"三千宠爱在一身"的杨贵妃也已经"宛转蛾眉马前死"了。李隆基只剩下一个"前任皇帝"的虚衔——太上皇，只能在回忆中不断重温"绵绵相思"。

危难之中继位大统的太子李亨，率领全国军民浴血奋战，终于收复长安、洛阳，重回龙庭，已经是正儿八经的"唐肃宗"，年号也改为"乾元"。李亨年富力强，励精图治，日理万机，自诩为"中兴之主"，文武百官也期望他是"中兴之主"。

这时，"百官今日再朝天"的喜悦，挂在当朝为官的诗人脸上，大家都憋着劲想放声高唱，尤其是蒙羞与囚禁后官复原级的王维。

公元758年3月18日，新皇帝第一次盛大的早朝仪式，高度聚光，意义非同寻常。这时一个叫贾至的牵头，掀起了一场"诗坛四重唱"，一时成为朝廷内外热议的话题，随后又流传成千古文坛佳话。至今人们提起这"四重唱"，还是津津有味。

一

先说这个起头歌唱的贾至。

贾至，唐开元二十三年（735）和杜甫一起进考场，他进士及第，杜甫落第。后来任中书舍人，也就是专门为皇帝撰写诏书的笔杆子。"舍人"这个官名的来历，最早是指贵族高官私人豢养的有知识、有奇才的门客；后来成为高官、诸侯的幕僚代称；再后来才成为皇帝的"秘书班子"专指。

按照唐朝的官场规矩，这个中书舍人算是"正五品上"。除"品级高"之外，这个位置是皇帝的近臣，必须是"亲近信任又十分有才"的人才可以充任。

贾至这个中书舍人，又极其特殊。贾至是唐代洛阳才子，祖孙三人都干过"中书舍人"。更巧的是，四十四年前，李隆基把他老爸唐睿宗李旦推上"太上皇"的时候，传位册书就是贾至的父亲贾曾所写，现如今李亨把唐玄宗李隆基推上"太上皇"的时候，传位册书又是贾至所写。唐玄宗感慨地对贾至说："两朝盛典，出卿父子之手，可谓继美。"

贾至身份地位特殊，才华也被朝廷认可，当此王朝中兴、权柄转移之时，不能不有所表现。

唐乾元元年（758）二月丁未日（初五），唐肃宗踌躇满志地在大明宫含元殿召见文武百官和外国使节，颁布新政，大赦天下。大乱初平，人心思定，新皇登基，人气正旺。百官盛装出席，万国使臣朝见。贾至一时诗兴大发，遂写就《早朝大明宫呈两省僚友》，歌颂大唐帝国的伟大、皇帝的英明。诗曰：

银烛朝天紫陌长，禁城春色晓苍苍。
千条弱柳垂青琐，百啭流莺满建章。
剑佩声随玉墀步，衣冠身惹御炉香。
共沐恩波凤池上，朝朝染翰侍君王。

二

再说诗界牛人杜甫。

安史之乱时，杜甫和王维一样，也被叛军抓捕关押。只是当时地位、名气没有王维那么显赫，没有被强迫担任什么官职，看管也不严，还可以写写"国破山河在，城春草木深"。在关押一段后乘机逃走，一路狂奔至肃宗所在的凤翔（宝鸡），并被肃宗提拔任用为"左拾遗"（从八品上）。

有追求、有担当、有责任感的杜甫，苦熬、苦等多年，终于站在朝堂上，可以"忧黎元"，可以"肠内热"了。对唐肃宗这个新皇帝，对刚刚恢复的新朝廷，杜甫有十二分的感恩和信任，也对大唐王朝的中兴万分地期待。

一看到贾至的《早朝大明宫呈两省僚友》，杜甫顿时手起笔落，就是一首和诗《奉和贾至舍人早朝大明宫》：

五夜漏声催晓箭，九重春色醉仙桃。
旌旗日暖龙蛇动，宫殿风微燕雀高。
朝罢香烟携满袖，诗成珠玉在挥毫。
欲知世掌丝纶美，池上于今有凤毛。

三

第三个是边塞诗人岑参。

岑参一直是唐代边塞诗的代表人物。一提到他，就会想到他那豪迈硬朗的诗风和一往无前的英雄气概。

岑参曾两次出塞到西部边疆军事首长身边当幕僚。一次是在高仙芝幕府，仿佛没有受到赏识，他几乎没有写过高仙芝的战斗故事诗。第二次是到封常清的幕府任判官，这一次，他得到封常清的重用和赏识，壮志凌云，豪气冲天，边塞诗一发不可收，其中代表作就是那首《白雪歌送武判官归京》。给封常清写诗也是一首接一首，《走马川行奉送封大夫出师西征》《轮台歌奉送封大夫出师西征》《北庭西郊候封大夫受降回军献上》等等。

可是该死的安史之乱，让他和封常清都命运突变。前任上司高仙芝和现任上司封常清都奉命平叛，到长安周边组织抗敌。根据敌我形势，他们领兵退守潼关，采取死守策略。其间，玄宗皇帝求胜心切，民众心浮气躁，巧官借机进呈谗言，高、封两员大将被迫出潼关进兵攻击，战败被杀害。岑参深感痛心，又回到无依无靠的奔波中。

玄宗奔蜀，肃宗继位，岑参从北庭一路颠沛流离跑到唐肃宗行在凤翔。一到皇帝身边，才发现这里还有一"铁哥们儿"杜甫，当时在肃宗身边担任左拾遗。岑参一拜见，杜甫立马联合裴荐、孟昌浩、魏齐聃和韦少游五人，一起"荐岑参可为谏官"。肃宗综合考虑就任命岑参为"右补阙"，职位品级（从七品上）反在杜甫之上。

这就算是从边塞战场回到朝廷中枢，而且还是平叛胜

112

利之前，跟着新皇帝英勇战斗的老班底。

岑参和杜甫一样，也是第一次位列朝堂，躬逢其盛，心情自然很激动。见到贾至的大作，又看到杜甫都在唱和，哪有不唱之理？《和贾至舍人早朝大明宫之作》一挥而就：

> 鸡鸣紫陌曙光寒，莺啭皇州春色阑。
> 金阙晓钟开万户，玉阶仙仗拥千官。
> 花迎剑佩星初落，柳拂旌旗露未干。
> 独有凤凰池上客，阳春一曲和皆难。

四

最后说王维。安史之乱，最伤心、最憋屈的诗人就是他。这次大难不死，重回朝堂，可谓世事沧桑，心思浩茫。

王维久居朝堂，见识过许多大场面，所以写这类应酬话、场面诗，自然驾轻就熟。但他是刚刚平反昭雪、恢复职务的"俘虏"，当年又名满长安，顾忌多多，只能静静地候着。

直到贾至写出那首《早朝大明宫呈两省僚友》，杜甫、岑参也相继唱和了，他才不紧不慢地献上自己的"和唱"《和贾至舍人早朝大明宫之作》：

> 绛帻鸡人送晓筹，尚衣方进翠云裘。
> 九天阊阖开宫殿，万国衣冠拜冕旒。
> 日色才临仙掌动，香烟欲傍衮龙浮。
> 朝罢须裁五色诏，佩声归向凤池头。

五

贾至身处高位先发声，百官之中唱和的人肯定不止这三个人，但流传下来的只有这四首。

这四首"早朝大明宫"的诗歌，就像一曲"男声四重唱"，高亢靓丽，混声和谐，层次丰富，变化灵活，把当时声势浩大的早朝场面描摹得生动传神，歌颂得繁花似锦，朝堂上下一时传诵得不亦乐乎。四首"早朝诗"，也从此凝固为唐代诗坛的典范之作。

《全唐诗》收录近五万首诗歌，唱和之类诗歌一万首左右，精彩的私人交际唱和诗很多，但这类政治场合的应制类唱和，只有这一组堪称模范。

后世诗词爱好者、研究者，也喜欢琢磨玩味这四首同题唱和诗的优劣短长，各家观点，众说纷纭，一直吵到今天。

苏东坡说杜甫的"旌旗日暖龙蛇动，宫殿风微燕雀高"最佳。

杨万里说岑参"花迎剑佩星初落，柳拂旌旗露未干"高妙。

顾璘说四首诗中"右丞与老杜颉颃"。

蘅塘居士编选《唐诗三百首》，只选岑参和王维两首。

说岑参第一的人很多，如明代的周敬、周珽、陆时雍、邢昉等人，清代的黄生、吴昌祺、方东树、施补华等人。周敬甚至认为岑诗可为"唐七律压卷"，能够凌驾杜甫、比肩王维甚至有所超越。

武汉大学王兆鹏教授的唐诗排行榜，则把岑参的"早朝"排在五十一名，其余都在百名之后。以边塞诗出名的岑参，自己恐怕也没有想到，他排名最高的诗，竟然是这首应景之作。

说王维更胜一筹的，也大有人在。《唐音癸签》评议说："右丞擅场，嘉州称亚，独老杜滞钝无色。"《唐诗别裁》则说："右丞正大，嘉州明秀，有鲁卫之目，贾作平平，杜作无朝之正位，不存可也。"《唐诗选胜直解》则更极端，说王维的"早朝诗"："应制诗庄重典雅，斯为绝唱。"

研究王维独成一家的王志清教授，则论定就全篇看，王维此一首"早朝"应在第一。

胡应麟有一个比较公允的评析："'圣朝'四诗妙绝今古。贾舍人起结宏响，工部诗全首轻扬，王岑二作俱神妙。细校王岑之作，岑以格胜，王以调胜，岑以篇胜，王以句胜，岑极精严缜匝，王较宽裕悠扬。"

清代专门研究王维的专家赵殿成说："'早朝'四作，气格雄深，句调工丽，皆律诗之佳作者。若评价全篇，定其轩轾，则岑为上，王次之，杜贾为下。"

对历代评议和纷争，纪晓岚很不以为然，说了一番调侃话："四公皆盛唐巨手，同时唱和，世所艳称。然此种题目无性情风旨可言，仍是初唐应制之体。但色较鲜明，气较生动，各能不失本质耳。后人拈为公案，评议纷纷，似可不必。"

六

其实，这四首诗，是一个整体，是一个组合，是一个四重唱的完美乐曲，不宜单独去看、去听。强行分出高低优劣，反而破坏了整体和谐。唱和，唱和，犹如对山歌一样，这边唱来那边和，才有意思，才有情调。

历代评议者，都是从立意、谋篇、造句、遣词等来分析，也就是就诗论诗，比较高低，没有把四首诗作为一个整体去把握、欣赏。

其实唱和诗，最应该研究的是每个人的身份、地位、心态、经历以及他们之间的关系。每个人扮演不同角色，写出自己的特色，最后完成唱和诗的整体组合。

写唱和诗，首先要弄明白的是，我是谁？在什么场合？我唱和谁？我要表达什么？我要避免什么？由此出发，去研究分析诗的内容，才能看到文字后面的"文章"。

七

贾至，世家出身，年方四十，玄宗、肃宗两朝担任中书舍人，紧跟随侍皇帝左右，深知宫廷政治的奥妙，长于公文写作的迂回曲幽。这次安史之乱，他先是追随唐玄宗逃亡成都，在得知太子李亨已经在群臣簇拥下于灵武宣布继位时，唐玄宗才派他与房琯从益州赶往灵武宣读册书，承认太子李亨正式登基。新皇帝趁机把他留在身边，继续担任中书舍人。但他知道唐玄宗的让位和李亨的接班隐藏着复杂的内幕，他亲手起草的册书，父子两人"互相册封尊号"，都是写给别人看的"面子话"。他更知道，虽然收复京城长安，皇帝回到大明宫，但叛军仍未彻底剿灭，战斗仍很激烈，大唐王朝只是刚刚缓过一口气，离真正的中兴，还路途遥远。他的内心真诚期望大家团结奋斗，实现中兴。

这次班师回朝，他是随着肃宗皇帝一路回銮，扈从圣驾。早朝盛典，他也是忙前忙后参与筹划准备。所以，大乱初

116

平，新皇就位，圣驾回宫，百官再朝，中兴气象，贾至作为皇帝心腹，知道值此特殊时期，团结和信心比什么都重要。早朝盛典，不能没有颂歌，自己要尽本分，要率先发声领唱。早朝一结束，贾至立马拿出自己的诗歌，并在题目上明确"示两省僚友"，说这是暗示，还不如说是"明示"：我开了腔，你们就赶快跟着合唱吧。

正因为贾至这种特殊身份、特殊心态和特殊定位，他的诗就要中规中矩定好调：要歌颂，要感恩。他不能放纵自己标新立异。

后人评价说，贾至的这首诗"起结宏响""整体气象轩冕"。这就够了，角色定位清晰，任务完成出色。

用四重合唱的语汇说，就是学院派唱法，主旋律腔调，珠圆玉润。

八

杜甫那年四十六岁。他出身好，祖上杜预是魏晋时有名的儒将，爷爷杜审言是初唐文坛的一面旗帜；他心气高，立志要"致君尧舜上，再使风俗淳"；他有才气，自誉"读书破万卷，下笔如有神"。但性格狂傲，运气不佳，先是科举考试不顺，后来当官仕途也不顺。四个唱和的牛人中，就他不是进士出身，但他却是最接近社会底层，最关注社稷民生，也最有政治理想的。安史之乱，自身几经磨难，也亲眼看到社会的生灵涂炭，其间写了大量反映战乱中民生疾苦的诗歌。

这次，随从肃宗回京，又担任左拾遗，位列朝班，算是一生中最得意的时候。他的唱和，虽有政治需要应制的因素，但更多体现他的政治热情、政治抱负。

所以，杜甫这首诗，一改他"沉郁顿挫"的诗风，体现出"清词丽句"的灵动。

贾至长期深居宫中，伴君如伴虎，处处谨慎，行文自然有拘谨之处；且夕沐浴皇恩，字里行间也自然会流露出沾沾自喜之色。

杜甫则才华横溢，饱经风霜，又自负自傲。此时刚刚受到新皇帝赏识，急于有所作为，自有"旌旗日暖龙蛇动，宫殿风微燕雀高"那种跃跃欲试和心高气傲的名句。加上四人之中，杜甫与贾至关系最近，所以合唱之时也少了顾忌，最后的赞美也毫不掩饰。

用音乐词汇说，就是杜甫的声音很有沧桑感，有男中音的磁性和张力。

九

岑参出身显赫，其曾祖、曾伯祖、堂伯父都当过宰相。自己也争气，三十岁考中进士。参加这次早朝时，正是四十岁的壮美年华，有才华，有抱负，也有勇气，军旅生涯又练就了豪迈、奔放的诗风。

他长期在边疆地区搞军事工作，第一次担任朝官右补阙，这也是第一次见识百官朝见皇帝的场面。

对大唐王朝，对肃宗皇帝，对贾至等僚友，岑参都有热望和感恩，对早朝场景怀着新奇仔细观察。

所以，他的诗首句"鸡鸣紫陌曙光寒"，既有听觉"鸡鸣"，又有视觉"紫陌"，还有感觉"寒"，紧扣贾至的原诗，别出心裁地点明时间的"早"、气氛的"静"和气温的"寒"。

接下来的莺啭、春色，金阙、晓钟，玉阶、仙仗，从听觉、视觉、感觉三个维度描写暮春时节的皇宫，有声有色有新意。最为人称赞的那句"花迎剑佩星初落，柳拂旌旗露未干"，更是把这个特点发挥到极致，天上的星星、地上的花朵、轻抚的杨柳、猎猎的旌旗、威武的佩剑、晶莹的露珠，在这两句诗里组合成"场面开阔、色彩丰满、气氛庄严"的画卷。

与贾至的写景相比，岑参写得灵动细致，字里行间展现出"好奇的目光""奇峭的诗风"和"创新的思维"，甚至有点山野之生气。这正反映出贾至久居宫中，对宫中景色已经不新鲜、不十分在意了；而岑参却是初入宫禁，处处留心，用心描画。尤其是那句"花迎剑佩星初落，柳拂旌旗露未干"，"景语"之中含"情语"，凝练、精确描画早朝场景的同时，也表达了自己积极进取的人格底色、昂扬向上的精神风貌，历来被诗家赞誉。

但岑参很清楚自己的身份，也知道唱和的对象是什么人，结语回到"独有凤凰池上客，阳春一曲和皆难"。

谦恭自守，甘拜下风。"和皆难"，这"难"字确实流露出岑参内心的真实感受。贾至是正五品上，自己是从七品上，平时哪有机会参加早朝，这样的合唱，也许是"仅有"了。

通篇看，岑参的诗与贾至的原作句句紧扣，又处处创新，严谨中透出硬朗，谦和中透出昂扬。

在这一曲四重唱里，岑参的音域宽，音色亮，表达精致，还有"民歌"唱法的生气勃勃。

十

这个时候站在朝堂的王维，与其他几位诗友的身份和心态，大不一样。

王维多才多艺，少年成名，长期受到京城皇家贵族、达官显贵的尊崇，安史之乱前就担任五品高官，可谓名满长安，誉满京城。安史之乱中，被贼人俘虏，受尽屈辱。最后被皇帝赦免无罪，恢复官职。但毕竟有此一节不光荣的历史，成为心中隐痛。

五十七岁的王维，深知自己不能冒进，抢人风头，遭人恨，也不能太落后于人，显得政治消沉，不为"新朝"卖力；不能写得太"扎眼"，让当朝红人贾至尴尬，也不能写得"太水"，让人觉得应付差事。他不会有贾至那样的自得自喜，更不敢像杜甫、岑参那样露出踌躇满志的模样。关键时刻，政治姿态、政治站位必须拿捏准确。

王维首先找准了角度和站位。

贾至、杜甫、岑参三人，以"臣子"身份，从"上朝"的角度，用仰望趋步的姿态和目光来写早朝。而王维则从"天子临朝"这个角度和高度入手，用俯视、平视的目光，写了早朝前、早朝中、早朝后三个层次，利用细节描写和场景渲染，描绘出大明宫早朝时庄严华贵的气氛与皇帝的尊贵与威严。尤其是那句"九天阊阖开宫殿，万国衣冠拜冕旒"的自信、开阔，一下子把全诗的立意、格调拉升到一个新高度。用现在的话说，就是有了"皇家气派""国际眼光"。

诗一开头，诗人就选择了"鸡人报晓"和"皇帝更衣"两个细节，显示了宫廷中庄严、肃穆、神秘的特点，给早朝制造气氛。

中间四句正面写早朝。颔联从大处着笔，颈联从细处落墨。大处见气魄，细处显尊严，两者互相补充，相得益彰，给人一种亲临其境的真实感。层层叠叠的宫殿大门次第打开，深邃凝重还带一点神秘感；万国的使节依次朝拜天子，威武庄严又透出海纳百川的气度。日光才临，仙掌即动，"临"和"动"搭配，烘托出皇帝一举一动的尊贵气象。轻烟"欲傍"龙袍的情态，也是景语之中含情语，暗合贾至的"共沐皇恩"诗意。

结尾两句用"五色纸起草诏书"这一典型细节，表明贾至身份特殊、参与机密，正在为皇帝干大事情。与贾至的原诗衔接无痕，对贾舍人的夸赞不露痕迹。

王维的诗，平和淡定，雍容华贵，一看就知道是"个中老手"，对早朝的流程、细节、秩序、氛围把握精准，对皇帝的威仪、官员和使臣的礼节熟稔于心，对贾至的身份地位、工作特点、心理状态了如指掌，写得不显山不露水，但政治站位、眼界胸怀非比寻常。

《唐律偶评》说："诸篇但叙入朝，此独从天子视朝之早发端，善变而有体。落句用裁诏收舍人，仍不离天子，是照应之密。"

在这一四重唱中，王维是那个难得的低音炮，浑厚、低沉、绵长，有余味，能包容，不张扬。

十一

四位大诗人写下四首唱和组诗，留下千古绝唱。

整体看，贾至是从宫内看早朝，陪在皇帝身边看早朝，写的是近景；杜甫、岑参是从宫外进去看早朝，是远远张望看早朝，写的是中景；王维是从天子高处看早朝，是跳出早朝看早朝，写的是全景。

每一个人都在"方队"中寻找自我，每一个人又在"规矩"中体现自我。各展其才，各呈其妙。其中魅力让后人玩味至今，余响犹在。

十二

这一年六月，有玄宗背景的房琯被罢相，杜甫拼死上疏营救，惹怒肃宗，被赶出朝廷，一起赶走的还有贾至、严武。

不久之后，岑参由于"频上封章，指述权佞"，也被贬为起居舍人。不满一月，又被贬谪至虢州长史。

四个主唱歌手，只剩一个王维"独立寒秋"，环顾左右，曲终人散知音稀。从此，王维身在朝堂，心归田园，潜心参禅，成了大隐隐于朝的"诗佛"。

半是怜君半自怜

　　王维在盛唐时代文名远扬，且又擅长草隶，一生为别人写过不少碑文，其中为禅宗六祖慧能写的《能禅师碑并序》和为宰相裴耀卿写的《裴仆射济州遗爱碑并序》，最为有名。

　　但最受人关注的还是《大唐故临汝郡太守赠秘书监京兆韦公神道碑铭并序》。

　　这篇碑文有着特殊背景、特殊人物，也有王维自己的特殊经历、特殊感情。碑文中有许多隐痛、许多曲笔，读来有九曲回肠之慨。

　　碑文的主人韦公，即韦斌。韦斌的父亲韦安石，曾经是武则天欣赏的能臣，做过武则天的宰相，史书说他"性持重，少言笑，为政清严"。韦斌在父亲担任宰相时就任职太子通事舍人。《旧唐书》记载："早修整，尚文艺，容止严厉，有大臣体。"由此可知韦斌在官场起步早、起点高，很有前途。"天宝初，转国子司业，徐安贞、王维、崔颢，当代辞人，特为推挹。"可见他雅好文艺，与王维等人互相推崇。

　　韦斌有个哥哥叫韦陟，有才有貌有背景，在朝廷官员

123

中口碑很好，《旧唐书》说："陟早有台辅之望，间被李林甫、杨国忠所挤。"李林甫、杨国忠在排挤韦陟时，也连带把韦斌贬为临汝郡太守。

临汝离洛阳很近，安禄山起兵反唐，攻取洛阳，临汝郡太守韦斌被俘虏，并强迫其担任黄门侍郎。《旧唐书》记载："十四载，安禄山反，陷洛阳，斌为贼所得，伪授黄门侍郎，忧愤而卒。及克服两京，肃宗乾元元年，赠秘书监。"

韦斌原本就与王维性情相投、交情很好，安史之乱中，又一起遭到安禄山俘虏，并强行委任官职，其中屈辱，同病相怜。

不同的是，韦斌忧愤而卒，王维则熬到两京克服，得到宽宥，恢复官职。

此情此景，王维写这个碑文，心情极其复杂，极其沉重。

开篇即是"笔落惊风雨"：

坑七族而不顾，赴五鼎而如归，徇千载之名，轻一朝之命，烈士之勇也。

隐身流涕，狱急不见，南冠而絷，逊词以免，北风忽起，刎颈送君，智士之勇也。

种族其家，则废先君之嗣；戮辱及室，则累天子之姻。非苟免以全其生，思得当有以报汉。弃身为饵，俯首入橐，伪就以乱其谋，佯愚以折其僭。谢安伺桓温之巫，蔡邕制董卓之邪，然后吞药自裁，呕血而死；仁者之勇，夫子为之。

用精彩的概括论述，列出"烈士之勇""智士之勇""仁者之勇",然后赞扬韦斌属于忍辱负重、曲线救国的"仁者之勇"。

接着,以行云流水之笔锋,书写韦斌的家世高贵、经历丰富、才华出众、政绩斐然,又感叹他的命运不公:"天子避其用亲,奸臣恶其异己。冯衍竟废,扬雄不迁,抑古人而有之,何夫子之命也?"

接下来,碑文的重点徐徐打开:"逆贼安禄山,吠尧之犬,驱彼六骡;凭武之狐,犹威百兽。藉天子之宠,称天子之官,征天子之兵,逆天子之命。"对安禄山逆天造反进行鞭打和声讨,精练而酣畅。

"始反幽蓟,稍逼温洛,云诛君侧,尚惑人心。列郡无备,百司安堵,变折冲为贼矣,兼法令而盗之。"勾勒出安史之乱突然爆发,升平日久的百官和百姓毫无防备,安禄山声称的清君侧,也迷惑了不少人。

"将逃者已落彀中,谢病者先之死地。密布罗网,遥施陷阱,举足便跌,奋飞即挂。智不能自谋,勇无所致力。贼使其骑,劫之以兵,署之以职,以孥为质,遣吏挟行。"这一段写出战乱中沦陷区官员的无奈和悲哀。

接下来,描写自己和韦斌的遭遇,这才是"重点中的重点":"君子为投槛之猿,小臣若丧家之狗。伪疾将遁,以猜见囚。勺饮不入者一旬,秽溺不离者十月。白刃临者四至,赤棒守者五人。刀环筑口,戟枝叉颈,缚送贼庭。"

这一段,是王维对自己被俘后从长安押解到洛阳囚禁的真实描写。装病未能逃脱,被囚禁后忍饥挨饿,居住肮脏,棍棒加身,"刀环筑口,戟枝叉颈"。以小见大地描画出当时被俘"唐官"的悲惨遭遇。

"实赖天幸，上帝不降罪疾，逆贼恫瘝在身，无暇戮人，自忧为厉。"这一段，写出自己还能侥幸活下来的特殊原因"实赖天幸"，安禄山得了恶疾，痛不欲生，"无暇戮人"。

"公哀予微节，私予以诚，推食饭我，致馆休我。"这一段写韦斌在危难中对自己的照拂、体恤。

"毕今日欢，泣数行下，示予佩玦，斫手长吁。座客更衣，附耳而语，指其心曰：积愤攻中，流痛成疾，恨不见戮专车之骨，枭枕鼓之头，焚骸四衢，然脐三日。见子而死，知予此心。"这一段写韦斌内心的悲痛与忧愤，对王维推心置腹地倾诉，生动传神，历历在目。

最后点明自己写作碑文的特殊性："吾实知之能言者"。

安史之乱中，被俘后被迫担任伪职给事中，是王维一生的隐痛和污点。虽然他有那首"百官何日再朝天"的诗句表达气节，也得到朝廷宽大处理，但他自己内心一直在忏悔，对于别人的误解或者非议，他几乎不做任何辩解。对皇帝的宽大，他自己深刻检讨："情虽可察，罪不容诛。"

只有在这篇为别人写的碑文中，才曲折地写出安史之乱自己被俘后的真实遭遇和内心煎熬，在写韦斌"仁者之勇"的同时，也委婉透露出自己"庶几近之"的心思。

我常常把这篇碑文与王维写的《谢除太子中允表》《旧唐书王维传》作对照研究。

从事实上来说，《旧唐书》所写的"禄山素怜之，遣人迎置洛阳，拘于普施寺，迫以伪署"，显然有点为虚夸王维之才华与名气，而带有"戏说"成分。《谢除太子中允表》所写"当逆胡干纪，上皇出宫，臣进不得从行，退不能自杀，情虽可察，罪不容诛"，是面对皇帝宽大处理的"谢表"，必须深刻检讨，态度端正。只有这篇碑文中的描写，才是王维自己的真实遭遇、真实思想。

这篇感情充沛、文采飞扬的碑文，既是对韦斌的追思和颂扬，也有"半是怜君半自怜"的意蕴。

怎一个「佛」字了得？

唐诗花丛中万紫千红，唐代诗人里高手如林。

王维在唐代诗人中的地位，一直颇有争论。

主流的说法有"李杜王三足鼎立"说和"大家不足，名家有余"说。

"三家鼎立说"还给他们各自封了名号，李白是"诗仙"，杜甫是"诗圣"，王维是"诗佛"。又说，李白是"天才"，杜甫是"地才"，王维是"人才"。

其实这种贴标签、给封号的评论方式，虽然突出特点，易懂好记，但却掩盖了诗人及其诗歌作品的丰富多彩。

王维诗歌创作的丰富性、全面性，使人们对他的诗歌归类、定位、评价，产生许多分歧。

从题材来讲，王维的山水田园诗自成宗派，边塞军旅诗卓尔不群，宫廷应制诗独领风骚，唱和送别诗盛唐翘楚。

从体裁来看，五言、七言、五律、七律、五绝、七绝、五排、六言绝句、骚体诗、乐府诗，诸体兼善，都有出彩作品。

从风格分析，有壮怀激烈的飒爽，有云淡风轻的飘逸，有浓墨重彩的华丽，有不着痕迹的空灵。

王维的丰富性、复杂性、全面性，在唐代诗人中"颇为罕见"，怎一个"佛"字了得？

一

王维少年成名，而且一直活跃于京城王公贵族等上流社会，他的诗歌创作代表了盛唐时期的主流审美风尚，作品也都是主旋律的腔调。他名动京城时，李白杜甫都还在进京的路上，当然地位无法和他比。

王维从政后，大多在朝廷任职，扮演着文学侍臣和宫廷诗人的角色，特殊地位、特殊经历、特殊见识，加上他自身的多才多艺，其诗歌作品的丰富性满足了各个阶层和不同喜好的人的阅读，传播自然更广泛，影响更全面。

还有一个因素，就是王维精通音乐，他的诗歌创作常常被谱曲传唱，也使他的诗歌比别人传播渠道更多，影响人群更广、更持久。像同时代的知名歌唱家李龟年，就常常歌唱王维的诗歌。安史之乱后，避乱到湖南的李龟年演唱王维的《红豆》《清风明月苦相思》，"歌阕，合座莫不望行幸而惨然"。而李龟年因为用情太深，唱完后也昏死在地，四天以后才醒来（范摅《云溪友议》）。

所以，盛唐时李白杜甫虽然崭露头角，但比起王维的地位和名声，还有一条街的距离。

唐玄宗时，王维的大量应制诗，奠定了他大唐第一宫廷诗人的地位；唐肃宗时，王维的《凝碧池》诗，"闻于行在，肃宗嘉之"，王维的《和贾至舍人早朝大明宫之作》，又让肃宗找到了再造大唐的自信；唐代宗时，王维又被皇帝封为"天下文宗""名高希代"，诗作被皇帝审定，官方正式编辑成册，广为流传。

三代皇帝的认可和推崇，使王维成为官方排名第一的唐诗大家。

因为"唐人诸体诗都臻工妙者，惟王摩诘一人"，所以唐代流行的诗歌选本《河岳英灵集》《中兴间气集》也尊王维为正宗，称其是诗中射雕手的"高手"。

二

到中唐以后，社会形态的变迁，审美风尚的变化，李白杜甫的诗热度开始上升。

当时，盛唐繁华一去不返，各种社会矛盾、现实问题，成为人们的最大关切，儒家传统对诗歌的礼乐教化作用，成为诗学的主流。

关注社会、关注民生的杜甫，成为诗人的旗帜，深受欢迎。韩愈倡导"文以载道"，白居易说"文章合为时而著，歌诗合为事而作"。元稹说杜甫"上薄风骚，下该沈宋，言夺苏李，气吞曹刘，掩颜谢之孤高，杂徐庾之流丽，尽得古今之体势，而兼人人之所独专矣"。说李白"尚不能历其藩翰，况堂奥乎！"（《旧唐书·杜甫传》）

杜甫第一次超越王维，成为唐诗大咖。

接着，不满社会、快意恩仇、个性张扬的李白，契合人们心灵需求和审美风尚，也开始广受赞誉。文坛领袖韩愈又提出"不平则鸣"，对现实不平情绪是作品思想性深化的表现，开始力捧李杜，"李杜文章在，光焰万丈长"。李杜逐渐成为唐诗第一流的大家，超越了王维。

130

自此以后乃至宋元，王维、李白、杜甫，优劣短长，位次高低，总有争论，总有不服。但多数推李杜并称"大家"，王维则退居"名家"，与孟浩然、王昌龄、高适、岑参等为伍。但在"名家"里，又都公认王维高出其他人一截，因此才有"大家不足，名家有余"之说。

到了明清，诗词研究专家顾起经、陆时雍、徐增、王士祯、赵殿成、牟愿相、方东树、潘德舆等又提出王维诗歌的特殊境界和特有成就，认为王维应与李杜一样列为"大家"，"三足鼎立"说开始流行。王维"诗佛"的名号也始于此时。

三

王维的诗歌成就和地位，产生分歧的原因，除了王维自身的复杂性外，还有王维独特的诗歌美学创造是杂糅儒释道为一体后，又别出心裁地把"唯心"的空灵、"禅趣"的妙悟表达得美轮美奂，给人以内心的宁静、闲适或者茅塞顿开似的豁然开朗，"读之身世两忘，万念皆寂"（胡应麟《诗薮》）。

他中年以后的诗歌美学境界常常是把人置身于大自然中，表现生命的本质现象，享受物我两忘的生命状态。读他的诗，几乎不用看背景、看生平、看季节，甚至不分国家民族，都可直通"心境"，就是人和自然的相处之道、和谐之美。尤其是对大自然自身那种勃勃生机、奥妙趣味的细微观察和精准描写，出神入化。

这一部分诗歌，是他的独特性和代表性，也是其无人能及之处，更是他在华人以外广受关注的原因。凡是研究美学的专家，如宗白华、朱光潜、李泽厚等，都特别关注王维诗歌美学创造的神机妙悟。台湾的蒋勋就说"解读王维的时候，必须进到哲学层面。"

正因如此，普通大众认为他这类诗歌的美学指向，不合乎儒家经典的诗歌美学传统的"兴、观、群、怨"。尤其是孔子选诗倡导的"干预教化"标准。对普通民众来说，不问苍生，没有反映民间疾苦，缺乏人民性；对统治阶级来说，不能服务政治、给人以教化。只有士大夫、政治失意者，才特别钟情于王维的诗歌。

作为普通读者，尤其是知识阅历少的，读王维的诗，觉得寄情山水，处处禅机，少了人间烟火气。宋代刘克庄就说王维诗"摆落世间腥腐，非食烟火人口中语"，总给人一种飘在空中的"世间高人"的姿态，佛系得"冒仙气儿"。不如李白杜甫，来得痛快，来得亲近，有牢骚就发，有不平就鸣，有酒狂饮，无饭饿肚，嬉笑怒骂，皆成文章。

就比如看戏，李白杜甫是大喜大悲，有戏剧冲突，能给人心灵的震撼，有穿透力。而王维像是一个长者、智者，写的诗大多给人以自在、淡泊的温润，但很有渗透力。没有经过繁华之后的平淡，没有经过生活的磨难，很难读懂王维。

不同的人，有不同的审美偏好。同一个人，在不同的年龄阶段，也会有不同的认知和评判。

宋代陆游曾说："余年十七八时，读摩诘诗最熟，后遂置之者几六十年，今年七十七，永昼无事，再取读之，如见旧师友，恨间阔之久也。"（《题渭南文集》）

明初的王世贞年轻时曾经"轻视"王维的诗歌，认为"少陵集中不啻有数摩诘"。随着年岁和阅历的增长，加上性灵说的影响，他开始喜欢并推崇王维，他在《书李白王维杜甫诗后》写道："吾尝谓：太白之绝句与杜少陵之七言古诗歌，当为古今第一；少陵之五七言律，与太白之七言诗歌、五言律次之。当时微觉于摩诘陋莽，徐更取读之，真觉三分鼎足，他皆莫及也。"

现代的学术大家钱锺书，曾说王维是"小的大诗人"。后来他自己亲自选定、由夫人杨绛手抄的《钱锺书选唐诗》，选入王维的诗二十九首，列杜甫（一百一十九首）之后，李白（二十首）之前。可见认知的变化和内心的取舍。

四

我读王维，倒不在意排名这些"劳什子"，也不喜欢沉迷专家的指引。总觉得专家看诗犹如医生看人，总从血压、血糖、血脂、心率、经络、穴位看起，解剖得"体无完肤"，哪还有"美人"的神韵？我喜欢从原著中，细细体察、用心琢磨诗人诗歌的文化创造和阅读体验，图个自我享受。

若要比较李杜王，我比较认可闻一多先生的观点。闻先生依据王维、杜甫、李白三个人在安史之乱中的表现，把他们划分为三个不同的文化类型：王维属于贵族文化；李白属于胡华文化；杜甫属于平民文化。进而又把他们三个归结为三种文学流派：李白是"想落天外"的纵横派；杜甫是"感伤济世"的社会派；王维是"高情远致"的逍遥派。（《闻一多论古典文学》）

当今王维研究专家王志清先生提出的"两种模式"的观点，也很有价值，他说李白杜甫"是个人与社会，乃至与自然发生冲突的模式"，王维"则是天人合一，表现人在恬淡冲和心境下对社会、自然的妙悟和觉慧"（《纵横论王

133

维》)。

除此之外，我个人觉得，王维是一直在做官的诗人，也是一直在写诗的官员，同为诗人，"在朝"和"在野"大不一样，其心态、眼界、风度、顾忌，都会迥然，比较李白、杜甫、王维的诗歌，还需要考虑他们的"政治站位"。他有许多顾忌和约束或者局限，不够"放得开"，写得不痛快，读者不过瘾。

王维的诗，"在泉为珠，著壁成绘，一字一句，皆出常境"，好读，易懂，浅读、深读皆可。但真正读懂、读透，得其真髓，心领神会，很不容易。许多都是只可意会、不可言说的美妙。

王维的诗，初学好入手，但难学到家，后来追随者、模仿者很多，除得其亲传的韦应物、钱起外，"得其门而入者"几乎寥寥。因其艺术手段"羚羊挂角""无迹可寻"，没有天赋和性情，无从入门。

身在盛世，和谐社会，喜欢读王维的人多一些。

追求"形而上"的灵魂自洽的人群，倾心王维的人多一些。

人心浮躁，灵魂无处安放时，读读王维。

　　自古都说，文无第一，武无第二。

　　万紫千红的唐诗中，哪一首最靓丽？

　　武汉大学王兆鹏教授曾经用大数据的方式，研究唐诗影响力，根据历代各种唐诗选本选录的频次和历代点评唐诗的数据，排出唐诗排行榜。据他的成果，王维的《送元二使安西》排在第二，第一是崔颢的《黄鹤楼》。但又说，七律崔颢的《黄鹤楼》第一，五律杜甫的《登岳阳楼》第一，七绝王维的《送元二使安西》第一，五绝王之涣的《登鹳雀楼》第一。这就好像目前大学的综合排名和专业排名一样。

　　但是，这个排名的数据，只是依据历代唐诗文本的选用，不包括歌曲的传唱。诗歌，诗歌，不仅是读出来的诗，还是唱出来的歌。任半塘先生说"诵诗不如吟诗，吟诗不如歌诗，歌诗不如乐诗，乐诗不如声诗"。如果论传唱率的数据，那可能任何一首唐代诗歌的影响力、知名度，与王维这首《送元二使安西》相比，都无法望其项背。作为送别诗，它深情殷殷；作为劝酒诗，它温情脉脉；作为流行曲，它余音缭绕。

　　古典诗歌浩如烟海，送别诗汗牛充栋，优秀的送别诗也举不胜举，为什么都没有这首《渭城曲》影响如此久远广泛？

135

当年初次爱上这首诗，就有三个念头：

一是弄明白为什么这首诗成为千古绝唱。

二是搞清楚王维当年送别的"元二"是个什么人物。

三是从当年的渭城出发唱着《阳关三叠》，"西出阳关"走一遭。

第一个念头，当时就搜肠刮肚写了一堆理由，形成一篇论文。第二个念头，穷尽多年，也是一知半解。第三个念头，几次筹划，都未成行，直到2021年春天才终于踏上西出阳关之路。

千古送别曲

渭城朝雨浥轻尘，客舍青青柳色新。
劝君更尽一杯酒，西出阳关无故人。

这便是盛唐大诗人王维的著名的送别诗：《送元二使安西》。也就是风靡唐代、传唱千古的《阳关曲》，又名《渭城曲》或《阳关三叠》。唐代很多诗人的不少诗篇都提到过这首诗，白居易的《晚春欲携酒寻沈四著作》里有这样两句："最忆阳关唱，真珠一串歌。"在其《对酒诗》里又写道："相逢且莫推辞醉，听唱阳关第四声。"并自注云："第四声即劝君更尽一杯酒。"刘禹锡的《与歌者何戡》也说："旧人唯有何戡在，更与殷勤唱渭城。"李商隐也写下了"断肠声里唱阳关"和"唱尽阳关无限叠"的诗句。可见这首诗在唐时就极有影响。

其后的诗人词客更是将此诗引以为典，借以抒发其个人的离愁别苦。冯延巳的《蝶恋花·几度凤楼同饮宴》中写道：

"醉里不辞金爵满，阳关一曲肠千断。"寇准被人称为"其语豪壮，送别曲当为第一"的《阳关引》，亦将此绝句化入词，云："塞草烟光阔，渭水波声咽。春朝雨霁轻尘歇。征鞍发。指青青杨柳，又是轻攀折。动黯然，知有后会甚时节？更尽一杯酒，歌一阕。叹人生，最难欢聚易离别。且莫辞沉醉，听取阳关彻。念故人，千里自此共明月。"完全是由这首诗演绎而成。张先的《蝶恋花》亦有"莫唱阳关，真个肠先断"的句子。柳永也在其《少年游》中写道："一曲阳关，断肠声尽，独自凭兰桡。"张舜民的《卖花声》又是这样写的："十分擘酒敛芳颜。不是渭城西去客，休唱阳关。"女词家李清照的《蝶恋花·晚止昌乐馆寄姊妹》也说："四叠阳关，唱到千千遍。"《凤凰台上忆吹箫》又写道："千万遍阳关，也则难留。"陆游的"三叠凄凉渭城曲，数枝闲澹阃中花"，姜夔的"想见西出阳关，故人初别"，元好问的"旗亭谁唱渭城诗，酒盈卮，两相思"，及至清代王渔洋的"记得锦堂红烛下，有人和泪唱阳关"等，都清晰地勾画出这首诗的影响轨迹。

同时，我们还可以看到，这首诗也是一首传唱千古、感人泪下、催人肠断的送别歌曲的歌词。它早在唐代就被著音乐，成为一首送别歌曲而广为传唱。后来，又收入《伊州》大曲传唱开来，流传的范围更加扩大，区域亦愈见广阔，几乎哪里有离别，哪里就有它的演唱。朋友之间的离别唱着它（李钰《击梧桐·别西湖社友》），夫妻之间的离别唱着它（王特起《喜迁莺·别内》），情人之间的离别亦唱着它（聂胜琼《鹧鸪天·寄别李生》）。名震一时的词坛圣手，不见经传的侍儿歌伎，凡有离别，莫不唱此。此后，它又被谱入琴曲，以琴歌的形式流传至今。谱入琴曲后，该诗又被后人增添了一些词句。原诗简练、含蓄、古朴；增添部分则缠绵、尽致，加强了惜别的情调。元代的《阳春白雪》和《诗律拾遗》及《全元散曲》等集子，都载有大同小异的《阳关三叠》歌词。兹录《全元散曲·大石调·阳关三叠》如下：

渭城朝雨浥轻尘，
更洒遍客舍青青，
弄柔凝千缕。
更洒遍客舍青青，
弄柔凝翠色。
更洒遍客舍青青，
弄柔凝柳色新。
休烦恼，
劝君更尽一杯酒，
人生会少，
富贵功名有定分。
休烦恼，
劝君更尽一杯酒。
旧游如梦，
只恐怕西出阳关，
眼前无故人。
休烦恼，
劝君更尽一杯酒，
只恐怕西出阳关，
眼前无故人。

另外，据《复斋漫录》记载：王维的这首诗曾被宋朝著名画家李伯时"取以为画"，谓之《阳关图》。东坡题诗称道："龙眠独识殷勤处，画出阳关意外声。"山谷亦有题诗云："渭城柳色关何事，自是离人作许悲。"

由此可见，王维的这首诗在诗、词、歌、曲、画，各个艺术领域都产生了程度不同的影响，尤其是作为一首送别歌曲，其影响更为深远。明代李东阳在其《麓堂诗话》里赞曰："此辞一出，一时传诵不足，至为三叠歌之。后之咏别者，千言万语，殆不能出其意之外，必如是方可谓之达耳。"

在篇帙浩如烟海的古典送别诗中固然不能说"殆不能出其意之外"，也不能说"必如是方可谓之达耳"。单就唐代来看，王勃的《送杜少府之任蜀州》，旷达慷爽；李白的《送孟浩然之广陵》，苍茫浑然；王昌龄的《芙蓉楼送辛渐》，深含寄托；岑参的《白雪歌送武判官归京》，轻快豪迈；白居易的《赋得古原草送别》，寓情于景；司空曙的《峡口送友》，缠绵悱恻……都是有口皆碑的送别佳作。就是王维自己也还有《送沈子福归江东》和《送梓州李使君》等优秀的送别诗。特别是高适的《别董大》更与王诗形同双璧。但却没有任何一首能有如此广泛而深远的影响，其原因窃以为不外以下几点。

一、意境优美，感情真挚

诗的前两句写景，简练而传神地描绘出送别的环境。

"渭城朝雨浥轻尘"，一是点明了送别的地点——渭城；二是交代了送别的时间——早晨；三是说明了当时的天气——微雨初霁。着一"浥"字，恰切传神，和风细雨，一霎而过，刚好洒湿浮土，多么美妙神秘，好像是专为送行而洒下似的，给人一种清新、湿润、明朗、爽快的感觉。

"客舍青青柳色新"，则进一步涂染出饯别地点——客舍的明丽色彩。细雨轻落，洗去了客舍与杨柳上的浮尘，使它们焕然一新。"青青"与"新"，用得亲切有味，色感强烈。

上句点出时地，下句就势染之。随形赋色，顿生光辉，宛然图画。

景色是这样迷人，空气如此新鲜，仿佛还飘散着淡淡的清香。此时此地是多么的令人留恋，让人陶醉啊！然而，两个亲密的挚友却要别离了。"黯然销魂者，惟别而已矣！"更何况在这般春色宜人的良辰美景之下，又是这样交谊笃厚的老朋友。此情此景下的离愁别苦，真所谓蓝天做纸，江河做墨，也难以尽述。

然而，高明的作者只写了两句："劝君更尽一杯酒，西出阳关无故人。"没有写离别的前前后后，只拈出一句极平淡的劝酒话语。但"看似寻常最奇崛，成如容易却艰辛"，置酒话别，离怀惘惘，"更尽"，说明早已是酒过三巡了，还是不住地劝饮，几多离怀，万千愁绪，无限深情，都凝聚在这最后一杯酒上。这是"酒逢知己千杯少"的知心酒，这是"为此春酒，以介眉寿"（《诗经·豳风·七月》）的祝福酒，这更是"何以解忧，唯有杜康"（曹操《短歌行》）的浇愁酒。不仅要喝，而且还必须一饮而尽，因为"一赴绝国，讵相见期"（江淹《别赋》），"西出阳关"便是寂寥荒凉的边塞，再也见不到老朋友了，更不用说喝"故人"给您亲斟的美酒了。

短短两句，难舍难分的情景便跃然纸上。无比真挚浓烈的感情，渗透在平淡的劝酒中。省却了千言万语，也蕴含了千言万语。力透纸背，墨气四射，无字处皆存神韵。真可谓"扛鼎之笔"。

全诗内容含蓄，语言畅达。"写景在人耳目，写情沁人心脾"，意境十分优美，感情无比浓烈。

歌词理论注重形象的密度和感情的浓度。这首诗在形象的密集和感情的浓缩上，可说是登峰造极。特别是它所表达的感情的质地，不是王勃、高适的旷达，也不是司空曙等人的颓丧，而恰恰是真挚。这对于离别者来说尤其需要，对于送别者来讲更应具有。

二、语淡情深，雅俗共赏

能以平常之语，道出非常情景，才是最高妙的艺术语言。而这正是王维诗歌语言的一大特色。这首诗，语言极清浅可爱，近乎口语，但表达的内容却是深刻而丰满的，又蕴藏着深厚感情。语极淡，情极浓。既能使一字不识的人对其表达的内容心领神会，又能使修养很高的人咀嚼再三。正如李渔在其《窥词管见》中所标榜的，不雅深古奥，不俚语甚俗，存稍雅而去甚俗，恰在"雅俗相合之间"。读时顺口，歌时利吻。正符合明代王骥德在《曲律》中，对唱词的要求："可读、可歌、可解。"

三、富有动作，易于演唱

唱词艺术，有一条独特而关键的要求，就是必须具有内在的动作性。这样，演唱者才能灵活自然而不至于僵直呆立演唱。

高适的《别董大》，虽然与王维这首诗的构思结构如出一辙，艺术成就也难分轩轾，但除了一个感情真挚浓烈，一个疏淡旷达之外，最主要的差别就是王维这首诗的后两句具有劝酒、祝酒的动作性。在送别的场合下演唱，就容易发挥演唱者的表演才能，把劝酒与演唱结合起来，不但抒发了真挚浓烈的惜别伤感，而且也起到了劝酒之作用。白居易的"相逢且莫推辞醉，听唱阳关第四声"，李商隐的"唱尽阳关无限叠，半杯松叶冻颇黎"，以及美奴的"一曲古阳关，莫惜金尊倒"等，就是以此劝酒的。

四、音节舒展，取韵切情

王维诗歌的音韵是其他诗人所无可比拟的，也是历代公认的。这当然与他精通音乐有关系。相传他曾因演奏自己创作的琵琶新曲《郁轮袍》的成功，而使得某公主十分倾折，"令宫婢传教，遂召试官至第，谕之作解头登第"。又说他曾经指出一幅奏乐图中画的就是《霓裳羽衣曲》第三叠第一拍的场面，好事者找来乐队检验，果然不差。

这首诗的平仄排列是这样的：

仄平平仄仄平平，仄仄平平仄仄平
仄平仄仄仄平仄，平仄平平平仄平

曾有论者指出，一二两句有"失粘"的缺憾，但从演唱角度看，如此排列的平仄，不拘矜呆板，流畅舒展，富有节奏感和音乐性。读起来耐读，唱时耐唱。另外，作者选用了宜于传达感伤情调的"真部韵"，而且押的是平声韵，这不仅易于传情，而且利于谱曲演唱。

五、典型概括，高度集中

该诗所写的送别地点是渭城，位于长安西北，坐落在渭水之滨。通往西域的豪商富贾，外交使节，出使安西、北庭都护府的文官武将，都要经由渭城而直奔阳关西去。唐时的渭城是典型的送别场所。所以唐诗人周贺的《长安送人》说："上国多离别，年年渭水滨。"而王维这首诗，写的正是"渭城送别"的场景。因此《渭城曲》风靡唐代是不足为奇的。

折柳送别是古代送人的历史传统。据说远在汉代，人们送客到长安附近的灞桥，就折下柳枝来送给行人，借依依的杨柳，表达自己依依惜别的心情。正如张九龄说的"纤纤折杨柳，持此寄情人"。因此，古代诗人每写到送别，便少不了写柳。古乐府中的"曲成攀折处，惟言怨别离""攀折思为赠，心期别路长"，皆言折柳以寄惜别之意。唐时刘长卿的《七里滩送严维》也这样写："手折衰杨悲老大，故人零落已无多。"刘禹锡的《折杨柳》也有"长安陌上无穷树，唯有垂杨管别离"的句子。李贺在其《致酒行》中亦云："主父西游困不归，家人折断门前柳。"其后的宋词、元曲中，离别与杨柳更是形影不离。

饮酒饯行也是古人送别的约定习俗。因为酒可以使人"兀然而醉，豁尔而醒。静听不闻雷霆之声，熟视不睹泰山之形，不觉寒暑之切肌，利欲之感情"（刘伶《酒德颂》）。离别的亲朋好友"共对一尊酒，相看万里人"（司空曙《送郑明府贬岭南》）。开怀畅饮，以壮行色，以祝良愿，以浇忧愁。所以酒与离别也结了不解之缘。李白的"送尔难为别，衔杯惜未倾"（《送储邕之武昌》），杜甫的"几时杯重把，昨

夜月同行"(《奉济驿重送严公四韵》),岑参的"亭晚人将别,
池凉酒未酣"(《六月三十日水亭送华阴王少府还县》),温
庭筠的"何当重相见,尊酒慰离颜"(《送人东游》),司空
曙的"无将故人酒,不及石尤风"(《别卢秦卿》),贾至的
"今日送君须尽醉,明朝相忆路漫漫"(《送李侍郎赴常州》),
李贺的"送客饮别酒,千觞无赭颜"(《送韦仁实兄弟入关》),
晏殊的"等闲离别易销魂,酒筵歌席莫辞频"(《浣溪沙》),
李易安的"忘了临行,酒盏深和浅"(《蝶恋花》)……如此
写饮酒送别的诗句俯拾即是。哪里有离别,哪里就有酒的
光临。

　　德国大诗人歌德说过:"诗人究竟是为一般而找特殊,
还是在特殊中显示一般,这中间有很大的分别。""后一种
程序才适合诗的本质,它表现出一种特殊,并不想到或明
指出一般。谁如果生动地掌握住这一特殊,他就会同时获
得一般而当时却意识不到。"(歌德《关于艺术的格言和感
想》)王维的这首诗,描写的是具体地点、特定时间的个别
的送别场景,但由于作者"生动地掌握住这一特殊",所以
他也同时获得了一般。虽写的是送元二使安西,但却概括
了人们离别时的普遍情景,写出了人人心中有、个个笔下
无的意境。这是一首普通的送别诗,同时也是最典型、最
富代表性的送别诗。它在仅有的四句中,把历代人们折柳
送别与饮酒饯行的历史传统习俗及难舍难分的离别场景表
现得淋漓尽致。在特殊中显示出一般,典型概括,高度集中。
正如高尔基惊叹契诃夫的小说时所说,一瞬间,竟包含了
那么丰富的内容。

六、词曲融洽，珠联璧合

这首诗作为诗歌的流传，除自身的艺术成就外，是与其高明的谱曲分不开的。它的最初唱法可能比较自由，似乎可以反复叠唱，故有"唱尽阳关无限叠"之说。由于流传区域的广阔和时间的悠久，到了宋代就有了不同的唱法。陆游的记载是"三叠凄凉渭城曲"，而李易安却说是"四叠阳关，唱到千千遍"。苏东坡曾在其《志林》里做过考究："旧传《阳关三叠》。然今世歌者每句再叠而已。若通一首言之，又是四叠，皆非是。或每句三唱，以应三叠之说，则丛然无复节奏。余在密州，文勋长官以事至密，自云得古本《阳关》：每句皆再唱，而第一句不叠。乃知古本三叠盖如此。乐天《对酒诗》云：'相逢且莫推辞醉，听唱阳关第四声。'注云：'第四声即劝君更尽一杯酒。'以此验之，若一句再叠则此句为第五声，今为第四声，则第一句不叠审矣。"可见原来的唱法有"第一句不叠"的，不过以前者为正宗罢了。但惜无当时的乐谱传世，具体的唱法还无从确知。只知道"曲调最高，倚歌者，笛为之裂"。

曲谱最早见于《浙音释字琴谱》（1491年以前），此后的《发明琴谱》至清代的《琴学入门》十几种不同的琴谱，都有刊载。今天我们所唱的，是由夏一峰传谱，杨荫浏整理的词曲。全曲分三大段，基本上用一个曲调作变化反复，叠唱三次，故称《阳关三叠》。每叠又分前后两段，前端第一句加"清和节当春"作为引句，其余均用王维原诗。后段是新增的歌词，每叠不尽相同，叙述对远行艰辛的担忧，希望远行人善自珍重；其次表达泪滴沾巾，依依惜别的心境；最后，则抒发如痴如醉的无穷伤感。从音乐角度讲，后段类似副歌的性质。三叠步步深入扩展，和整个音乐也是意境融合、协调统一的。曲子以五声音阶的商调式为基础，每段中商调式与羽调式交替出现，结尾又回到商调式，为歌曲渲染上一层惆怅忧伤的色彩。曲调多级进且有反复，更增添了缠绻的情怀。增益的歌词在音乐方面也是步步深入扩展。特别是第三叠，末段八度大跳后，进一步上行，发展为"载驰驱"重句，是曲调的最高点。由此无穷的伤感形成全曲的最高潮。渐慢渐弱的尾声，则是一种"歌残乐断情难泯，邈邈绵绵意未穷"的境界，令人神往不已。整个乐曲是一部难得的音乐作品。前不久，我国三十一岁青年管子演奏家吴晓邦，曾在日本"丝绸之路"音乐会上演奏了《阳关三叠》，获得国际人士的好评。

此外，王维工诗、善画、精通音乐、熟悉韵律、兼及书法，艺术修养与个人威望极高，年仅二十一岁就进士及第，调往大乐丞。这首诗是他专门写的送别诗歌，也许他当时就谱有曲，文以人传的因素也不可否认。

但对于一部艺术作品来说，时间是最公正、最无情、最严格的裁判者。一部作品，由于某种偶然原因，或可轰动一时，而时间的无情筛选最终必然摒弃它。

王维的这首诗能够这样广泛地传唱，甚至今天还有其感人肺腑的艺术魅力，是有其独到的艺术造诣和种种社会原因的。白居易在其《与元九书》中说："感人心者，莫先乎情，莫始乎言，莫切乎声，莫深乎义。"这首诗，既有真挚浓郁的感情，又有明快畅达的语言；有宫商迭奏的音韵，更有高度典型化的普遍意义。它的传唱千古，正体现着这一深刻的艺术规律。

当然，最根本的原因，还是离别这一人生现象的永恒存在。所以"阳关千载歌不尽，只为叠叠诉离情"可算是一个总结吧。

元二何许人

遥想当年，多少人西出阳关？多少人依依惜别？当时这个"元二"何其有幸，一不小心竟成了千古名人。

查所有专家的注释都说"生平不详"或者"未详何人"。翻阅各种笔记、野史、奇闻录，没有关于元二的传说，也不见别人诗歌文章中提到他。

近期看辽宁大学教授毕宝魁写的《王维传》，里面对元二写了几笔：王维接受朝廷派遣要去新秦、榆林巡察边事，在咸阳城的驿馆里，一个早年只有一面之交的年轻人"元二"偶尔碰上，上前攀谈，王维觉得似乎面熟，就一起送别，随手写了一首诗。

陈铁民先生判定这首诗写作时间应该在天宝后期，那时王维写了许多送官员赴任的诗歌，其中送人赴边塞的就有《送张判官赴河西》《送宇文三赴河西充行军司马》《送刘司直赴安西》《送平淡然判官》，所送之人也都是"未详何人"。

从原诗题目及内容分析，元二是朝廷官员，是奉命出使安西都护府的使者。只称呼他为"元二"，没有称呼官职，大概身份级别也不会太高，至少不比王维高。没有说他充任什么判官、司马之类职务，说明他只是出差安西办事，并不是到安西任职。诗中只写惜别之情，而不像其他几首诗中对使者寄予"当令犬戎国，朝聘学昆邪""当令外国惧，不敢觅和亲"的厚望，进而推测，可能他这次出使安西所办差事，也不是什么大事情。

元二是个文人，还是个武人？只有王维送别他的诗，未见他本人的酬和，也不见其他诗人参与送别，由此推论，元二可能不是"文艺圈的人"，这次送别的场面也不会大。

结合王维年谱分析，元二极有可能是王维在库部任职时结识的一个同僚，属于从事军事后勤工作的"武人"。这次出使安西，大概是代表库部去处理一般性事务。而且可能是元二第一次出使西域，所以才特别找曾经出使过西域的好朋友王维讨教，因此才有这场渭城送别。

渭城的驿馆里来来往往，都是送别场面，老朋友、新朋友、朋友串朋友，都是三杯酒下肚就热乎上了。况且王维是朝廷的五品大员，写诗、弹琴、绘画又是名满天下。在这种地方，自然会被人众星捧月。酒喝了，诗写了，歌唱了，大家都记住了王维和他的诗歌，元二是谁？大家都不记得了。

古今中外伟大的作品，都不是郑重其事、扎着架子、铆足劲写出来的。真诚的情谊，也不是兴师动众、铺排场面表达的。歌颂皇帝贵族的马屁诗，往往速朽。恰恰是平常心、寻常情、随手写，才出现天成佳作。

我曾经把王维这首诗和李白的《黄鹤楼送孟浩然之广陵》作比较，都是脍炙人口的好诗，为什么这首诗被广泛传唱，而李白的《黄鹤楼送孟浩然之广陵》却只是纸上风行？

也许，李白写的是一个大名人，谁都知道是专门送的谁，不论是驿馆酒肆里的歌姬，还是宫廷王府的歌唱家，都不会选择这首诗唱给送别之人。而王维送别的元二，"未详何人"，没有特别的专属指代，"好像原来诗题的特殊性已经完全被人遗忘，只留下那最丰富的普遍性"（林庚《唐

148

诗综论》），反而适合众多场合咏唱，尤其适合在殷勤劝酒时，长歌一曲，痛饮一杯。

后来的歌唱者，索性就把题目改为《渭城曲》或《阳关三叠》，这首诗歌与元二渐行渐远，似乎已经没有瓜葛。

西出阳关

自从四十年前读了王维的"西出阳关无故人"，就一直有一个执念：西出阳关走一遭，真实领略一下西域风光，亲眼看见一下阳关雄姿。

陆陆续续做了许多功课：唐诗中渭城的地点，我查阅到了；阳关的地址和图片我也搜集到了；唐代西出阳关的路线，也大致搞得七七八八了。但几次筹划，都未成行。一次已经出发上路，又因故中断。

阳关以西的地方我倒是去过不少，新疆、青海、西藏都去过，也去过几次敦煌，但没有去敦煌附近的阳关。因为我要留下阳关，留待从渭城开始一路西行去见它。

2021 年春天，我终于从西安出发，踏上西出阳关之路。我们特别到当年的渭城，煞有介事地折柳告别长安，登车西行。

古时候从长安去阳关有两条线路：一条是走凤翔、陇州、秦州、渭州、临州、兰州、凉州，再往西走甘州、肃州、瓜州、沙州，西出阳关，两千零二十里。另一条是走邠州、泾州、原州、会州、凉州，再往西走甘州、肃州、瓜州、沙州，西出阳关，一千九百七十里。

我选择的路线是邠州、泾州、原州、会州、凉州、甘州、肃州、瓜州、沙州、阳关。因为王维当年出使塞上凉州，就走的这条路线。

初春天气，乍暖还寒，杨柳枝头，鹅黄嫩绿，路旁的各类野花摇曳闪过。我们坐着汽车，奔驰在高速路上，想象当年的王维"单车欲问边"是个什么速度，看到的风景是否也如此这般，那个被王维送别的元二，是坐车还是骑马，或是骑驴，田陌上曾经的古道，可有他们朦胧的身影。

两个多小时，我们到达邠州。现在这里是陕西彬州市。最早这里是古代的豳国，《诗经·豳风》就是记载周人在这里开拓生活的故事。由于"豳"和"幽"字形相近，容易混淆，唐开元十三年，也就是公元 725 年，改为邠州。1964 年改为彬县，2018 年改为彬州市。

汉唐建都长安时，邠州为军事战略要地，邠州—萧关道是古丝绸之路的主要干道，军事作用突出。

古邠州辖区有两个唐代的遗存古迹，一个是大佛寺，在现在的彬州市；一个是昭仁寺，在现在的长武县。两者都是唐太宗李世民所创建，且都与一场战争有关。

隋朝末年，李渊父子在太原起兵，很快攻入长安，建立唐朝，但各地的军阀割据势力，互相争斗，内乱不止。盘踞在陇东地区的薛举、薛仁杲父子，也欲进入长安夺取政权。武德元年（618）六月，薛举亲自率军大举东进，直逼长安，唐高祖李渊派秦王李世民挂帅迎敌。

唐王朝开国后的第一场大战拉开序幕。双方在这一带斗智斗勇，打了半年多，最终唐军大胜，薛举病逝，薛仁杲投降。

这一战，不仅扫除了唐王朝的心腹大患，也奠定了李世民的政治地位和军事实力，为以后的玄武门之变埋下了伏笔。

为了超度阵亡将士的亡灵，秦王李世民于武德元年（618）在邠州建成应福寺，因为佛像高大雄伟，老百姓就叫它大佛寺，久而久之，俗名代替了"本名"，大佛寺成为正式名字。

贞观二年（628），已登基称帝的李世民又诏令在长武的浅水原建立昭仁寺，再次为战死沙场的将士祈福。昭仁，就是表彰将士们杀身成仁的牺牲精神。

大佛寺依山而建，佛窟众多，主窟里的大佛至今保存完好。高二十米的大佛，威仪堂堂，金装闪闪，据说是依据唐太宗李世民的相貌塑造。

昭仁寺的大雄宝殿采用八卦悬顶式，九梁十八担架叠拱起，面阔三间、进深十五米的大殿，没有一根立柱和通架大梁。这在我国古代木构建筑中绝无仅有。寺内矗立有"豳州昭仁寺碑"，是大书法家虞世南所书，精美绝伦。

离开邠州，一路向西，路上看到梨花朵朵，想起清代的谭嗣同去甘肃看望父亲经过这里时所写的一首诗《邠州》：

棠梨树下鸟呼风，桃李蹊边白复红。

一百里间春似海，孤城掩映万花中。

下午我们到达甘肃的泾川县，也就是古代的泾州。

细细的春雨中，我们在当地朋友的引领下看古城遗址、听历史故事。秦始皇到平凉王母娘娘诞生地回中宫巡行，经过这座城；汉武帝十一次到回中宫巡行，多次经过泾州城；隋文帝分舍利给泾州大兴国寺；武则天在泾州城内建大云寺。宋真宗、元世祖、元成宗、明孝宗都为泾州城内的水泉寺颁圣旨、敕赐碑文。在泾州任职的历代名臣武将如王

151

茂元、范仲淹、滕子京，他们的官府都设在泾州城内。

我问起王维在此有无历史遗迹或者传说，当地人说只知道唐代诗人李商隐的婚礼在泾州城内举行，还写了千古名诗《安定城楼》：

> 迢递高城百尺楼，绿杨枝外尽汀洲。
> 贾生年少虚垂泪，王粲春来更远游。
> 永忆江湖归白发，欲回天地入扁舟。
> 不知腐鼠成滋味，猜意鹓雏竟未休。

当晚，我们夜宿平凉。

平凉市历史悠久，境内有许多古代的遗迹。平凉人自己说，他们这里吹过的风都是文化，踩过的地全是历史。

这里的崆峒山是中华道教第一山，这里的古成纪是人文始祖伏羲氏诞生地，这里的回中宫是天下王母第一宫，这里的古灵台是神州祭灵第一台，这里的莲花台是秦皇祭天第一坛。

第二天一早，我们往崆峒山看了看，沿途看见许多人抬着神像到崆峒山中台的玉皇阁集体朝拜。我很疑惑地询问卖茶叶蛋的中年妇女，她告诉我："今天是农历三月三，是纪念黄帝的正日子，崆峒山要举办盛大法会，各山头的小神仙都要过来。"她怕我听不懂，又补充说："这就好比是中央开会，各个地方的官员都得到会嘛。"她这一幽默讲解，使我们登山的疲劳在哈哈大笑中顿减一半。

出平凉，沿途都是春耕景象，西北的旷野次第展现于眼前。如今在高速路上行驶，尚有地老天荒、寂寞难耐之感，可见当年王维、元二他们的单车西行又是何其艰难。

宁夏固原，也就是唐代的原州，我们到达时，已是艳阳高照的午后。在六盘山下，我们找到了遗址上复建的萧关。

古代关中地区有四大雄关：东函关、南武关、西散关、北萧关。因萧关位于丝绸之路东段北道上，所以唐代又称这段丝绸之路为"萧关道"。萧关也被称为"北出长安第一关"。

爬上重修的萧关关楼、甬道、瞭望塔，确实能感受到此地是控制要道、震慑四方的绝佳位置。曾有人描述说"萧关是一种地名，萧关是一种形态，萧关是一种情结，萧关是一个变数，萧关是一个随着朝代的变化和防御对象的变化而变化的战争防御带"。

新恢复重建的萧关，有汉阙门、碑亭、望夫亭、秦楼等。关楼的墙壁上刻画有王维的《使至塞上》，还有王昌龄、岑参等人描写萧关的十八首诗词和巨型浮雕。

我们在此逗留盘桓很久，畅想当年王维一路跋涉到此，"萧关逢候骑"，那是一种什么心情？苍凉中的欣喜，还是孤独中的温暖？当晚是否就投宿在萧关的驿站？那首《使至塞上》是否就像毕宝魁教授说的，写于萧关驿站的夜里？

唐代时的会州就是现在白银的靖远、景泰一带，辖境大约就是靖远、景泰、会宁及宁夏海原等县地。从萧关西行我们夜宿景泰，找当地文化馆的人员聊天。他们说这里当年是西戎、匈奴、吐蕃交替控制，西汉时才纳入中原版图，一直是胡汉杂居之地，也是丝绸之路的交通要道、河西走廊东端门户。

县文化馆的专家陪我们到离景泰县城不远的索桥古渡遗址。这是古丝绸之路北线的一个重要黄河渡口，渡口横跨景泰和靖远两县，始建于汉代。汉唐时期往返西域，大多要从此过河，不过那时还只是木船和羊皮筏摆渡，名字也不叫索桥渡。兰州大学中文系教授刘满认为，这个渡口在唐代应该是商贸用的渡口，主要运输牲畜。到了明代万历二十九年（1601）才开始在两岸修建索桥，河面上用二十四个大船并排连接成浮桥，索桥渡从此得名。查史料可知，这一带历史上有好几个渡口，唐代乌兰渡是最重要、最繁忙的渡口，据记载有五百只渡船往返两岸。公元前138年，张骞第一次出使西域就是在景泰一带遇到匈奴人的骑兵被捕获，押送单于。公元前119年，张骞第二次出使西域，就是从这一带渡过黄河前往乌孙、大宛、康居、大夏等地。据专家黄兆宏考察，当年霍去病大军西征也是从这里渡过黄河，发起河西大战，打败匈奴，将河西地区纳入中原版图。

我问当地文化馆同志，王维当年出使凉州路过这里有无记载？他们说没有记载，也没有遗迹，连传说也没有。

在索桥古渡一个高二十多米的台地上，有明代遗存的索桥堡遗址，残垣断壁中还能辨认出院落、店铺、门楼等。城外残存有"将军柱"台基、瞭望哨所、庙宇、五座旗墩、烽燧等遗址。

索桥古渡往黄河下游走三百余米，是明代长城的起始之处，残存的明长城隐约可见。黄河、长城、古渡在此融为一体，也使黄河文化、丝路文化、长城文化在此交汇。

离开会州，我们往凉州奔去。途经宁夏中卫的沙坡头，看到茫茫沙漠，看到弯弯黄河，也看到王维捻须持笔、凝望远方的雕塑。许多游客簇拥着王维的塑像合影，有好事者在旁大喊："用手握着王维的笔，你就会成为伟大诗人。"

此地人都自豪地说：王维当年出使塞上路过这里，受眼前景色触发，才写了"大漠孤烟直，长河落日圆"的诗句。因为只有在沙坡头这个地方，既能看到沙漠，又可以看到黄河。

其实王维当年路过沙坡头，极有可能看到这种景色，但"大漠孤烟直，长河落日圆"是综合一路所见景色，加以艺术概括提炼而成，并非就是此地亲眼所见的实景。但当地人确信无疑，言之凿凿，已经把它作为沙坡头一个"独特亮点"昭告天下。

第四天我们到达武威，也就是唐代的凉州。这里是当年河西节度使衙门所在地，也是王维代表皇帝宣慰军功的地点。王维留在河西节度使府兼任判官一年，足迹遍布河西节度使管辖的凉州、甘州、肃州、瓜州、沙州，写下了大量的边塞诗。

我们进城就直接前去武威市博物馆看历史文物。武威历史悠久，早在四五千年前，就有戎、崔、月氏、乌孙等北方民族聚族而居。汉武帝派骠骑将军霍去病远征河西，击败匈奴，为彰显"武功军威"而命名此地为"武威"。汉唐之际，凉州是仅次于长安的大城市，是古代中原与西域经济、文化交流的枢纽，也是佛教东传的中转之地。著名的凉州词、西凉乐都曾在这里形成和发展。这里还一度成为我国北方佛教中心。

可惜王维出使此地的文物记载、历史遗迹几乎没有。询问当地文化界人士，有没有专门研究或者熟悉王维在凉州这一段历史的人，他们只是摇头。问询唐代的河西节度使官邸遗址在哪里，也没有准确地方。当地人津津乐道的是"马踏飞燕"、西夏碑、天梯山石窟等。我们到重建的武威城楼留驻片刻，畅想当年王维伴随崔希逸在凉州城外查

155

访军情、指挥作战的情景;猜想他当年考察民情、熟悉风俗,写下"野老才三户,边村少四邻。婆娑依里社,箫鼓赛田神。洒酒浇刍狗,焚香拜木人。女巫纷屡舞,罗袜自生尘"的场景。

从武威出发往张掖,一路可见莽莽苍苍的祁连山,山头上白雪皑皑,与瓦蓝的天空相接,分不清是白云还是积雪。一路上,看到许多汉长城遗址、明长城遗址,尤其是金昌一带,夯土铸就的长城在戈壁大漠绵延不绝,使人仿佛穿越到汉唐。汉长城遗址,主要是壕沟,断断续续五十几公里,偶有烽燧,高大约五米,黄沙土夯筑,覆斗形状,在荒无人烟的旷野很扎眼地威武着。连绵八十公里的明长城更是蔚为壮观,撑城、女儿墙、墩院、旗墩、烽燧等形制几乎完整保存。

最初兴奋地不断停车拍摄,后来看到的长城越来越多、越来越完整,我们只好坐在车上一路边看、边沉思、边感慨。王维早年写的《燕支行》,正面描写宏大激烈的战争场面,就发生在这里的山丹县一带:"画戟雕戈白日寒,连旗大旆黄尘没。叠鼓遥翻瀚海波,鸣笳乱动天山月。麒麟锦带佩吴钩,飒沓青骊跃紫骝。拔剑已断天骄臂,归鞍共饮月支头。汉兵大呼一当百,虏骑相看哭且愁。"这慷慨悲壮、杀声震天的诗句,仿佛回响在苍茫辽阔的长城内外,车窗外狂风怒号,好似战鼓声混合着马蹄声。

张掖古称甘州,早在两晋南北朝时期,就是内地与西域通使和商贸的中介。唐代时,河西一带国际贸易地位达到高峰,甘州成为商品贸易的集散地和文化交流的汇聚点。隋代大业五年(609),隋炀帝亲自西巡张掖,在此会见西域二十七国的国王和使者,展现大国外交风范。唐代唐玄

156

宗的代表作《霓裳羽衣舞曲》，就是根据甘州的《波罗门佛曲》改编创作。《甘州破》《甘州子》《八声甘州》《甘州曲》等词牌、曲牌流传到长安，成为唐代教坊大曲，领一时风骚。

王维的《出塞作》"居延城外猎天骄，白草连天野火烧。暮云空碛时驱马，秋日平原好射雕"，写的就是当年甘州居延的一场大战役。

今天的酒泉市就是唐代的肃州。这一带夏朝至战国为西戎地。秦代至汉初先后为乌孙、月氏、匈奴地。西汉元狩二年（前121），始建郡立县。

酒泉因"城下有泉""其水若酒"而得名，唐高祖武德七年（624）改为肃州。汉武帝派骠骑将军霍去病进攻匈奴，在河西地区先后设立了酒泉郡、武威郡、张掖郡、敦煌郡，同时，修建了阳关、玉门关，史称"列四郡，据两关"。王维那首脍炙人口的"十里一走马，五里一扬鞭。都护军书至，匈奴围酒泉"，就写的是这里当年的战争场面。

如今的酒泉市下辖金塔县、瓜州县、肃北蒙古族自治县、阿克塞哈萨克族自治县和新设立的肃州区。玉门市、敦煌市省直辖，酒泉市代管。玉门关、阳关，都在酒泉地盘上；莫高窟、锁阳城都是酒泉的文化经典。

从西安出发，走走停停，兜兜转转，七天行程三千多公里，我们终于到达此行的目的地：阳关。

阳关，位于敦煌西南七十公里南湖乡古董滩上，如今已是一个热闹的景区。我们赶到时，只见热辣辣的太阳炙烤着乌泱泱的游人，古时"西出阳关无故人"的荒凉、凄婉，在此荡然无存。昔日的阳关城仅存一座汉代烽燧遗址，耸立在墩墩山上。登上墩墩山，近距离观察风雕雨蚀的烽燧，能隐隐感受到远古的苍凉雄奇。在此放眼四望，只见周边流沙茫茫，一道道错落起伏的沙丘从东到西自然排列。沙梁之间，为砾石平地。景区新建的关楼旁，矗立着高大的王维塑像，他手握酒樽似乎正在吟诵那千古名篇"劝君更尽一杯酒，西出阳关无故人"。

史料记载，阳关因坐落在玉门关之南而取此名，始建于汉元封四年（前107）左右，自汉至唐，一直是汉王朝防御西北游牧民族入侵的重要关隘，也是丝绸之路上中原通往西域及中亚等地的重要门户，历代王朝都是派强将、携重兵把守的。阳关水源充足，是戈壁沙漠中一块硕大的绿洲盆地。出阳关通西域，入阳关到中原，这里是最佳选择。

站在王维塑像前，我回望夕阳下的阳关烽燧，不觉眼睛有些潮湿，自古以来多少将士曾在这里戍守征战，多少商贾、僧侣、使臣、游客曾在这里验证出关，又有多少文人骚客面对阳关，感慨万千，写下不朽诗篇。王维当年送别的那个出使安西的元二，是否从此出关？是否顺利到达安西？据说高僧玄奘从印度取经回国，就是东入阳关返回长安的。那个元二是否也从安西由此返回中原？他和王维再次把酒言欢了吗？

凝视着王维塑像，我问敦煌当地领导："王维来过阳关吗？"他们笑答，真没有来过。"那为什么单单塑造了他的塑像？"答曰："因为大家都是因为他那首诗才知道阳关，他可以说是阳关的最佳代言人。"

皇帝的作业

上有所好，下必甚焉。历朝历代，皇帝喜欢什么，什么就大行其道。

唐诗的兴盛除了时代的原因外，皇帝的喜好推动也是重要因素。从初唐的唐太宗开始就喜欢诗歌，并常常写诗让群臣唱和，以活跃气氛、联络感情、识别人才。臣下写的诗就叫"奉和圣制"。从此开始，一直到晚唐，皇帝写诗，群臣"奉和圣制"，这一传统绵延不绝。乃至宋元明清，也余韵犹在。

身居高位或者在皇帝身边做事的官员，常常会有"奉和圣制"的作业要写。能有机会和皇帝诗词唱和是何等荣幸，但也是"山大"的压力。

有专家说，能写应制诗的诗人，不是一般地位的诗人；能把应制诗写好的官员更不是一般内涵的官员。

唐代是应制诗最多的朝代，也是应制诗写得最好的时代。

应制诗既然是皇帝布置的作业，当然有特殊的规矩。比如，用词要吉祥，声韵要响亮，对仗要工整，歌颂不能肉麻，规劝不能带刺，拽词不能生僻，等等。还有，不能写得太差，让皇帝看了倒胃口；也不能写得太好，让皇帝看了汗颜。

有时候要抖点机灵博皇帝一乐，有时候得卖点傻，让皇帝批评指导。

这些潜规则和门道，没有几年朝堂上的磨炼和宫廷经验，很难弄明白。不少自恃有才的诗人在应制诗里"跑偏"而演砸了。

唐朝诗人中写应制诗最多的诗人是王维，写应制诗最好的诗人也是王维。

王维留存的四百余首诗歌中，就有二十多首应制诗。可见，皇帝的作业布置得多，他也写得多。

王维最具代表性的应制诗是《奉和圣制从蓬莱向兴庆阁道中留春雨中春望之作应制》，历来被赞为"应制诗应以此篇为第一"（沈德潜语）。

这首诗写作的时间，专家们说法不一，但根据李憕和王维同题的"奉和应制"诗来推断，应该在唐天宝十一载（752）后半年至天宝十三载之间。因为李憕在这个时间段担任尚书右丞、京兆尹职务，有条件和机会"奉和应制"。天宝十四载，李憕就改任光禄卿、东京留守，离开长安到洛阳上班。

这一时期，王维刚好在朝廷担任文部郎中、给事中，属于皇帝近臣、御用文人。

这个时段也是大唐鼎盛时期，到处弥漫着盛唐气象，朝野一片歌舞升平。

某年某月的某一个春天，唐玄宗忽然来了兴致，就从蓬莱阁出发通过特殊的御用通道，向兴庆阁溜达。群臣也前呼后拥伴随左右。恰值春雨绵绵，笼罩京城，春花烂漫，杨柳婆娑，宫殿巍峨，街巷井然。在高架的廊道上雨中春望，大唐的昌盛，京城的繁华，百姓的安逸，春色的宜人，尽收眼底。

一手开创盛唐新局面的唐玄宗看到全国形势一片大好，自己心情也大好，当即吟诵一首诗《春望》，当时在场的文武百官纷纷应制奉和。

先看王维这份模范作文怎么写的：

> 渭水自萦秦塞曲，黄山旧绕汉宫斜。
> 銮舆迥出千门柳，阁道回看上苑花。
> 云里帝城双凤阙，雨中春树万人家。
> 为乘阳气行时令，不是宸游重物华。

诗的开头，先从大处勾勒背景和轮廓：你看那弯弯曲曲的渭河萦绕环抱着秦塞，城外不远的黄麓山围绕着旧日的汉宫。

首联这两句不但有辽阔的空间感，还有沧桑的历史感，同时也是由阁道向西北远望的实际景色。

接下来，着墨写春望中的君臣：皇帝的豪车在空中徐徐行走，宫门的柳丛在车下飘扬，从阁道上回头看到御苑花开姹紫嫣红。

颔联这两句诗切入"春望"，并给回望一个制高点：高架的阁道上看春天的景色。居高临下，看到的是满眼春色宫墙柳，看到的是上苑花开似锦绣。

紧接着，进一步切近题中的"雨中"做文章，挥洒出灵动酣畅的长安春望图：云雾缥缈中皇城宫殿若隐若现，独有那一双凤阙高高翘起，似乎要凌空飞去；大街小巷在春雨滋润下，树色葱茏；千家万户在春色沐浴下，和谐安详。

颈联这两句诗是历来被诗家赞叹不已的千古名句，可

161

谓是写尽"春望"之妙境。那种盎然春意，那种安详气氛，那种盛世繁华，那种辽阔与沧桑，那种生机与温润，都在这两句中掀起高潮。金圣叹曾引申说这两句含有深意："双凤阙"，言上畏天眷；"万人家"，言下恤民岩。

最后回护结题，"寓规于颂"：这次天子出游，完全是按照节气时令传达农事的政令，并非游山玩水看景色。

尾联这两句把皇帝的游玩涂抹上政治色彩，包裹上合法外衣，以免别人误会。暗中也有规劝皇帝注意政治影响的意思，在颂扬中夹杂一点讽喻规劝，表达忠心。

清代赵殿成说这两句诗"因事进规，深得诗人温厚之旨，可为应制体之式"。沈德潜说这两句诗"结意寓规于颂，臣子立言，方为得体"。

当然，这些都是站在"奉和应制"诗的写作角度看问题，都是文人之见。皇帝看了是否这样想？皇帝能理解王维那颂扬中的"规劝"吗？

通篇来看，王维这首诗确是大家手笔，也有神来之笔的精句。虽然是按皇帝的题目写作业，但王维自己对大唐盛世，对长安繁华，真的心存感触，诚心讴歌。加之王维本人的诗歌才能和绘画才能融于一身，所以全诗把他自己"诗中有画，画中有诗"的特色和绝技发挥到极致。

对这首"奉和应制"诗，各种好评汗牛充栋，摘其要如下：

《王孟诗评》："此篇状物题景。春容典重，结归之正，足见襟度。"

《唐诗广选》："摩诘诗中有画，即此亦是。必如此首结句，方得应制之体。"

《唐诗直解》："前六句就眼前光景拈出，意致有余，结归雅正，更有回护。"

《唐诗镜》："前四语布景略尽，五六着色点染，一一俱工。佳在写题流动，分外神色自饶。"

《汇编唐诗十集》："应制大都谀词，独此有箴规意。"

《唐诗选脉会通评林》："起得完整，联多神采，结有回护，雅诗正礼。"

《贯华堂选批唐才子诗》："看他一二先写渭水自萦，黄山旧绕，即三四之銮舆看花，阁道留辇，宛然便在无数山围水抱之中间也。先生为画家鼻祖，其点笔吮墨，布置远近，居然欲与造化参伍。只如此一解四句，便是其惨淡经营之至妙至妙也。"

《唐诗摘钞》："风格秀整，气象清明，一脱初唐板滞之习。一二不出题，三四方出，此变化之妙；出题处带写景，此衬贴之妙；前后二联，俱阁道中所见之景，而以三四横插于中，此错综之妙。一二远景，五六近景，二联全景，三四半景，'迥出'字写出'从'字'向'字之神，'回看'写出'留'字'望'字之神。"

《此木轩论诗汇编》："字字冠冕，字字轻隽，此应制中第一乘也。真'诗天子'也，伏倒李、杜矣。"

《而庵说唐诗》："右丞诗都从大处发意，此作有大体裁，所以笔如游龙，极其自在，得大宽转也。"

《历代诗发》："题无剩意。句中用'雨中春'三字，写'望'字入神，只添得四字成句也。诗家每设渲染，时不知白描之为上，思过半矣。"

《絸斋诗谈》："一二从外景写'望'字，三四阁道中写'望'字，五六方切雨中望，末又回护作结，章法密致之极。"

《山满楼笺注唐诗七言律》："一结得赞颂体，得规讽体，将通篇粉墨俱化作万顷烟波，此所谓'画中有诗'者非耶？"

《昭昧詹言》："起二句，先以山川将长安宫阙大势定其方位，此亦擒题之命脉法也。譬如画大轴画，先界轮廓，又如弈棋，先布势子，以后乃好依其间架而次第为之。三四贴题中'从蓬莱向兴庆阁道'。五六贴'春望'，贴'雨中'，收'奉和应制'字。"

《唐宋诗举要》："大句笼罩，气象万千，兴象高华。"

当时一起写"奉和应制"作业的官员应该不少，但只有当时担任京兆尹的李憕的诗留存下来，不妨也读一读李憕的诗：

> 别馆春还淑气催，三宫路转凤凰台。
> 云飞北阙轻阴散，雨歇南山积翠来。
> 御柳遥随天仗发，林花不待晓风开。
> 已知圣泽深无限，更喜年芳入睿才。

同样的题材，同样的雨中春望，每一个人眼中看到、心中想到的，都不一样。李憕的诗应该也是中规中矩、有模有样。但相比王维的"模范作文"，李憕同学还是有差距的。

历史是那样的无情，当年出题目的唐玄宗的诗早已淹没在历史的长河中，不见一星半点。倒是写作业的王维的诗，成了经典永流传。

历史又是这样的吊诡，恰恰是这次"奉和应制"中作业写得好的两位同学，交完作业后，命运都发生重大转折。

李憕作为东京留守，在安禄山叛军攻陷洛阳时，坚守岗位，宁死不屈，被砍了脑袋。可恶的叛军还拿着他的头颅去威慑其他地方官员归顺。当李憕的头颅送到大书法家、平原太守颜真卿那儿时，颜真卿杀了安禄山的来使，把李憕的头颅洗干净,派人送往长安,报告皇帝:李憕英勇就义！唐玄宗追赠李憕司徒，并提拔李憕的一个儿子为五品官。

王维作为给事中，在安禄山叛军兵临长安城下、皇帝偷偷"幸蜀"时，"扈从不及"，被安禄山逮到洛阳，喝药装哑巴也没有蒙混过去，"迫以伪职"。唐军收复两京后，被审查多时，幸好有一首思念大唐、盼望"百官何日再朝天"的诗，洗清罪名，得到皇帝宽宥，重回朝堂。

一经恢复官职，王维就在早朝大明宫中又一次挥洒才情,写下了"九天阊阖开宫殿,万国衣冠拜冕旒"的千古名句。盛唐威服四方的雄浑气象，又一次措至笔端，跃然纸上。

转任太上皇的唐玄宗李隆基，新登基的唐肃宗李亨，读着这诗句都百感交集。

佛心深藏，玄机不露

　　王维一生笃信佛教，常常寻访寺院，参禅拜佛，与高僧讨论佛理，写过不少有关寺院的诗，其中《过香积寺》是最负盛名的一首。

　　这是一首探访、纪游的诗歌。

　　这首诗除了王维一贯的"诗中有画"外，最突出的一个特点是"藏"，精髓也是"深藏不露"。

　　起句先写道："不知香积寺，数里入云峰。"没有去过香积寺，也不知道在哪里，沿着山路在云雾缭绕的山峰之间已经走了好几里。一种充满未知好奇的探寻，一种云里雾里的行走，一个摇曳多姿的长镜头，给人一种迷幻色彩。

　　接着转入近景："古木无人径，深山何处钟。"参天大树，古木夹道，悄无人迹，忽然从大山深处传来袅袅钟声。幽静、冷清中的无路可循，忽闻钟声的惊喜悠长，由不知何处的迷茫到知道寺院所在方向的情绪转折，都隐藏在灵动的诗句中。

"甚是浅易，甚是深处"（《唐贤三昧集笺注》）。所以，清代赵殿成夸赞说"四句一气盘旋，灭尽针线之迹；非自盛唐高手，未易多觏"（《王右丞集笺注》）。

颈联开始特写："泉声咽危石，日色冷青松。"山泉水在乱石中穿流，发出呜呜咽咽的声音，日光透过茂密的松树照射，使青松显得高大冷峻。形容泉水山间流动，山石的阻拦和泉水的突破，用一个"咽"字，神采飞扬；描写松树茂密挺拔，偏用一个"冷"字，色彩中有了温度。

这一联历来被诗家作为写景的经典，也被作为凝练诗眼的样板。赵殿成点评说："下一'咽'字，则幽静之状恍然；着一'冷'字，则深僻之景若见。昔人所谓'诗眼'是矣。"（《王右丞集笺注》）

六句诗，写进山来一路寻访的所见所闻，忽惊忽喜，摇曳生姿，有声有色。给人缥缈、幽深、迷幻、圣洁的意境。

读到这里，读者急切盼望着找到香积寺，看看真面貌。

可是王维最后一联，却是这样收束总结："薄暮空潭曲，安禅制毒龙。"薄暮时分，在潭水边安静地打坐参禅，祛除心中一切妄想邪念。

对于最后一联的评价，历来论者都拿佛家语敷衍，似乎艺术上"乏善可陈"。其实最后一联，大有深意，很值得玩味。

前六句诗一路曲折，一路风景，一路探寻，一直渴望。常人都以为后面会大写特写香积寺的雄姿曼妙，王维却恰恰不着一字，反而直接描画了一幅水边打坐、安心参禅的图景。

以此点明主题：此行的目的不是游山玩水，不是欣赏寺院的建筑雄姿，而是为信仰、为修行！香积寺啥模样？

没有写，也没有必要写。修行不在寺庙，而在人心。

这种出人所料的写法，正表达了诗的独特立意和巧妙构思，也体现王维摒弃世俗物象、潜心沉静修佛的佛家本色。

最后一联，才是这首诗"深藏不露"的高妙之处，也是全诗的制高点。

有和尚参禅打坐，就是到了香积寺，就是实现了到访香积寺的目的。句句都在写香积寺，而句句都不见香积寺，寺在笔端，意在象外，佛在心中。噫吁嚱，妙哉！

《唐诗摘钞》说这首诗"幽处见奇，老中见秀，章法、句法、字法皆极浑浑，五律中无上神品。"

深得这首诗精髓的是宋徽宗，据说他曾经依据王维这首诗，拟题"深山藏古寺"，用来招考画院学生。许多考生画的都是山峰曲折处露一个寺院的挑檐或者攒尖，宋徽宗都摇头叹息。最后一个考生，只寥寥数笔勾出山形连绵，山脚下，泉水边，几个和尚，有的正在汲水，有的已经挑水沿着山路前行。宋徽宗这才满意地说："这才是藏字之妙啊。"

这首诗不仅常常出现在中国许多唐诗选本、少儿读物中，日本的小学课本里也有。

可见王维这首诗的艺术奥妙和影响深远。

王维所写的香积寺究竟在何处？注家大都说是陕西长安县的香积寺，个别学者也有说是河南汝州的风穴寺。

我曾急吼吼地去了一趟西安郊外的香积寺，也疑疑惑惑地去过汝州的风穴寺。

去香积寺，那是一个初秋的上午，一路驱车前行，一路吟诵王维的诗句，梦想诗中的景象。可是眼前的一切与王维的诗半点儿也不像：没有数里云峰，不见古木参天，更无山泉呜咽。一马平川的地貌，笔直的高速公路，远远就可望见香积寺，山门、大殿、佛塔，一览无余。

香积寺的建筑格局倒是很唐代、很佛系，碑刻上的介绍也郑重提到王维的《过香积寺》写的就是本刹。寺内矗立着许多日本佛教界人士的题刻。

实地游览香积寺，反而使我怀疑王维是否真的写的就是眼前这个香积寺。

根据地貌特征和行进路线，我倒觉得弄不好王维笔下的香积寺，真有可能是河南汝州那个曾经叫过"香积寺"的风穴寺。那里倒真是曲径盘绕、云雾笼盖、古树参天，那寺庙还真的深藏不露，接近王维诗中景象。

也许，王维写的香积寺，已经不是现实中眼见的香积寺，而是他心目中的香积寺，是他艺术世界中的香积寺。

寺庙，可以藏之深山，也可以处于闹市，可以曲径通幽，也可以一览无余。

但艺术创作，尤其是诗歌绘画，藏而不露，才是高手。一览无余，便会兴味索然。

春愁谁最深？

古人总结人生四大喜事：久旱逢甘霖，他乡遇故知，洞房花烛夜，金榜题名时。

但对于读书人来说，四大喜事的顺序可能会把"金榜题名时"排在第一位。

十年寒窗无人知，一朝中举天下闻。这是古代无数读书人的奋斗历程和人生梦想。但往往考中的只是少数人，落榜的是大多数。

唐代的进士考试最被世人看重，但录取中榜的比例大概在百分之一二。所以唐诗里除了"昔日龌龊不足夸""一日看尽长安花"的得意扬扬外，更多是"榜前潜制泪，众里自嫌身"的落第悲凉。

唐代科举考试时间一般在当年的十一月，放榜公布成绩，是在次年的二月，也叫春榜。所以白居易说："春愁谁最深？""落第举人心。"

落第后，榜前流泪固然悲凉，但更难的是归乡的尴尬。妻子说"良人的的有奇才，何事年年被放回？如今妾面羞君面，君若来时近夜来"，你还是趁着夜色悄悄回家吧，免得丢人。

所以送别诗中，最难写的就是送人落第归乡，如何安慰那颗碎了一地的小心灵？真个是煞费苦心。

王维有三首送别落第朋友的诗，写得尺寸贴身剪裁，鸡汤温热可口。

一

第一首是写给和王维同年考试的綦毋潜。其《送綦毋潜落第还乡》云：

圣代无隐者，英灵尽来归。
遂令东山客，不得顾采薇。
既至金门远，孰云吾道非。
江淮度寒食，京洛缝春衣。
置酒临长道，同心与我违。
行当浮桂棹，未几拂荆扉。
远树带行客，孤城当落晖。
吾谋适不用，勿谓知音稀。

唐开元九年（721），春天放榜，王维擢进士第。但和他同时参加科考的好朋友綦毋潜却落第了。

綦毋潜是虔州南康（今江西赣州）人，他比王维大八岁。两人同时住在一个客栈，一同准备应试，互相赏识，彼此帮助。王维中了状元，朝廷安排去担任太乐丞，朋友却落第了。看着綦毋潜落第后写的诗"十五能文西入秦，三十无家作路人。时命不将明主合，布衣空惹洛阳尘"（《落第后口号》），王维很惋惜，也很踌躇。

送别本来就是个伤感的事，况且又是送一个落第还乡的好朋友。自己的身份又是一个同科考试的状元，如何劝勉、安慰？如何表达送别之情？

前六句，以谈心的方式劝勉綦毋潜。首先肯定他的政治选择是正确的：当下是个"有道则仕"的时代，你出山参加科举考试，进而共同参与建设盛唐，是顺应时代召唤的正确选择。虽然没有考中，但要有道路自信，"既至金门远，谁云吾道非"？要坚持再考，还有来年。

后十句，集中写送别的悉心关照和殷勤叮嘱。扳着指头，算着时间，什么时候到哪里，到哪里该干什么事，"江淮度寒食，京洛缝春衣"；说话间，再劝酒，好朋友要和我分别了，路上会顺利，很快就会到家的；接着用神来之笔写景，抒发伤感"远树带行客，孤城当落晖"，远处的树影淹没了我的视线，带走了我的朋友，孤城挡住了落日的光辉，使天地灰暗悲凉，恰似我此时的心境。这时，又对着远去的背影大声喊：你的才华未被赏识，可不能说没有知音。我在长安等着你！

沈德潜在《唐诗别裁集》里说："反复曲折，使落第人绝无怨尤。"顾可久评说："婉曲雅正。"

王维这首诗极尽"平等、诚恳、暖心"之能事，全诗从大处落墨讲政治选择和入世抱负，从细处着笔送关怀温暖，用情景描写抒发深情厚谊，用坚定的喊话传递信心和期待，送人落第回乡，传递的都是温暖鼓励，充满正能量。

难怪眼光独到、选择苛刻的蘅塘居士孙洙，在《唐诗三百首》里只选了《送綦毋潜落第还乡》这一首送人落第诗。可见蘅塘居士是把它作为典范启发后学，也许还有一丝劝勉鼓励落第者的意思。

172

诗中的"远树带行客,孤城当落晖"被历代诗人所叫好,是评论家常常夸赞的经典句子。宋代刘辰翁赞扬说:"'带'字画意,'当'字天然。"

有论者认为从全诗的结构看,应该把最后两句放在"谁云吾道非"之后才对,这样前八句诗劝勉,后八句诗送行,结尾用这句"远树带行客,孤城当落晖",很浑厚,有余味,更像王维的风格。怀疑是后世传抄时弄错了。

春天送走綦毋潜,秋天王维就因为"伶人舞黄狮子"一事受牵连,被贬官到济州看仓库去了。

不知道綦毋潜第二年是否来长安参加科举,历史记载綦毋潜是在五年以后的唐开元十四年(726)终于考中进士,授官宜寿(今陕西周至)尉。

此时,王维还远在济州跟着刺史裴耀卿严防死守黄河大堤,积极开展防汛工作。

二

第二首是送别孟浩然的《送孟六归襄阳》:

> 杜门不欲出,久与世情疏。
> 以此为长策,劝君归旧庐。
> 醉歌田舍酒,笑读古人书。
> 好是一生事,无劳献《子虚》。

这首诗写于唐开元十七年(729),孟浩然因为"春榜"无名,又不甘心,在长安逗留了一阵,想通过拜谒权贵,求得援引,无果。还曾有直接给唐玄宗"献赋"以引起皇帝青睐的想法，没有实施。到了冬天，他才愤愤不平地打算离京还乡。

离开前，孟浩然写了《留别王维》，发泄怀才不遇的胸中不平之气：

> 寂寂竟何待，朝朝空自归。
> 欲寻芳草去，惜与故人违。
> 当路谁相假，知音世所稀。
> 只应守寂寞，还掩故园扉。

王维针对孟浩然的这首诗，写了《送孟六归襄阳》。诗一开头就说，我闭门不出，疏远人情世故已经很久了。言外之意，我过去是王公贵族的座上宾，现在早已是个草民了。接着，劝导孟浩然，长远打算，你还是回老家吧，别待在长安。进一步又描画在老家过田园生活的诗意画面，又喝酒，又唱歌，又读书，多快活。最后，再次劝说，回归田园才是一生的好事，不要再去挖空心思给皇帝献赋了。

这是一首很有争议的诗，很多唐诗选本和王维诗歌选本，都没有选录这首诗。

一是这到底是不是王维的诗有争议。《全唐诗》王维卷和张子荣卷都收录了这首诗，清代赵殿成把这首诗列入《王右丞集笺注》"外编"，其实就是存疑；当代王维研究大家陈铁民考证认为这应该是王维的诗。有人根据诗意、诗风及人物关系分析，觉得不像王维的诗，觉得王维是一个重交情的人，又和孟浩然关系很好，不可能送别诗写得这样情谊寡淡。

二是孟浩然和王维这"一留别""一相送"，到底关系是否真好？有论者据此诗认为王维和孟浩然私人关系不怎么好，或者王维看出孟浩然不是庙堂之器，所以劝他"死了这条心"，老实待在家吧。也有论者猜测孟浩然落第后不甘心，觉得王维曾经和岐王、宁王、薛王等王公贵族相熟，就托请王维走关系，王维不胜其烦，结果孟就写诗说"知音世所稀"，责怪起王维了。还有论者，根据《新唐书·孟浩然传》记载的王维私邀孟浩然到衙署聚谈，碰到玄宗，对答失误，引起玄宗不悦，认为王维知道孟浩然得罪皇帝，再考也是白费劲，所以才直接劝他死了这条心。

其实，写送别诗固然要看时间、地点和对象，但更要看作者本人当时的身份、心情，还要看送者和被送者的关系。

当时王维二十九岁，在官场跌了八年跟头，头破血流，已经从"中状元、当高官"的梦想中惊醒，对仕途有些心灰意冷。所以他写给孟浩然的诗，完全不同于当年送别綦毋潜的诗那样积极向上，而是有些"泼冷水"的意味。你看我考了状元又怎么样？何必苦苦去考这个进士呢？

再加上孟浩然的性格自负偏狭，牢骚太盛，所以作为知心朋友就要浇点凉水降降温，不能他怨天尤人，你也跟着起哄架火。他对答皇帝的诗已经演砸了，还要再通过"献赋"来取得皇帝好感，实在是无用而冒险。所以才有"好是一生事，何劳献《子虚》"的劝告。

这种一反温情脉脉的手法，正是因人而异的实事求是。也正说明关系透彻，无需客气、遮掩。说这是王维和孟浩然关系不怎么好，或者说王维瞧不起孟浩然的才华，都是皮毛之见。

相比《送綦毋潜落第还乡》的温婉曲折，这首诗的特点就是"直截了当、毫不含糊"。他对朋友的劝勉，是真诚的、率真的、务实的。从内容到形式及其风格，也都是对孟浩然的量身定做。

不知道真是这首诗的劝勉，还是孟浩然自己彻底死心，孟浩然果然不再科考入仕了，以山人终老。

三

第三首是写给丘为的《送丘为落第归江东》：

> 怜君不得意，况复柳条春。
> 为客黄金尽，还家白发新。
> 五湖三亩宅，万里一归人。
> 知祢不能荐，羞称献纳臣。

这首诗写于唐天宝元年（742），当时王维四十二岁，这年春天刚从殿中侍御史转任左补阙。

丘为是苏州嘉兴人（今浙江嘉兴），大约生于公元702年，卒于公元797年，高寿九十六岁。他不仅素有才名，而且还孝名远扬，对待后母极其孝顺，被人传颂。

丘为比王维小两三岁，但写诗的风格和水平与王维很接近。王维曾经有一首《留别丘为》的诗，《唐贤三昧集》误作为丘为的诗收录，题目变成《留别王维》。

王维知道丘为的才华，欣赏丘为的诗词，也看重丘为的为人。丘为落第，王维深感惋惜，也很自责。

所以这首诗写得很特别，先是对眼前的怜惜，"怜君不得意"，没考中；再是怜惜其"为客黄金尽"，没有盘缠了；又怜惜其"还家白发新"，白发苍苍，老了。接着又想象丘为回家后的三亩老宅的穷困，怜惜他无颜见江东父老的窘迫。层层递进的描写，使人心里生出无限感慨、眼里涌出串串泪花。最后，笔锋一转，作者深深自责"知祢不能荐，羞称献纳臣"。知道你就是祢衡那样的人才，我却不能向朝廷举荐，很羞愧我还曾经是"主管献纳"的侍御史。

全诗从怜惜开始，到自责结束，感情步步升华，诗意层层荡开。尤其是最后两句，历来被诗家赞赏，这种知贤而不能举的引咎自责，其实是愤愤不平的婉转表达。《唐诗意》说："慰人失意，而己反为之下泪，爱其情至，意其为变风矣。"

不过，这个丘为还是真有才、真争气，第二年，再进科场，进士及第，累官至太子右庶子。八十岁时辞官回乡，但其后母还健在，尽孝床前，九十六岁病卒。

四

比较王维这三首送人落第回乡的诗，我们可以看出王维自身的人格、性格、情怀和为人处事风格。应该说，他是个重情义、知冷暖的朋友，也是个很会安慰、鼓励人的朋友。三首诗或曲折婉转，或率真坦诚，或痛惜不平，始终都是平等、真诚、温暖、尊重、保护落第者的自尊，也针对每个人的不同情况，真心替他们着想。没有虚情假意的应付和高高在上的教诲，也没有豪言壮语的虚张声势。

同时我们也可以看出王维不同时期的心理状态。早年送綦毋潜时，唐王朝开元盛世刚刚开始，唐玄宗励精图治，宰相姚崇等人也端正贤良，政治气象蒸蒸日上，王维又新科及第，正踌躇满志，所以全诗充满积极进取的朝气。到送孟浩然的时候，王维自己宦海八年，碰了不少钉子，官场很不得意，自己向往隐居田园，又觉得"小妹日成长，兄弟未有娶"，父亲早亡，自己这个当大哥的有责任逃脱不掉。所以全诗写得消沉，淡漠。到送丘为时，王维已经亦官亦隐一段时间，人到中年，官职已高，对世事人情、官场路数也心知肚明，所以写得成熟老到，怜惜、自责中透出不平和批判。

从写作上来看，《送綦毋潜落第还乡》和《送丘为落第归江东》各有千秋，都是妙品。从影响力来评价，当然还是《送綦毋潜落第还乡》影响大，尤其是那句"远树带行客，孤城当落晖"，更是圈粉无数。《送孟六归襄阳》写得很娴熟，很套路，标准的王维风格。纪昀评说："结却太尽。"黄培芳评论："虽清澈，学之易浅薄。"

唐诗中有不少送人落第还乡的诗，有名的如钱起的《送邬三落第还乡》、岑参的《送魏四落第还乡》、白居易的《送常秀才落第东归》，比较看，都不如王维这三首有真情、有温度、有针对、有变化。尤其是《送綦毋潜落第还乡》，一个自己高中榜首的人，去送别人落第回老家，这诗的分寸和技巧太难把握了，但王维"hold 得住"！

一粒红豆惹相思

今年的情人节过得特别，疫情把少男少女们生生隔离，大雪也把痴情的玫瑰冷落成泥。网络上晒出的情人节图文、段子、商品、活动，与从前比，也就是个"七零八落"。

大雪封门，疫情隔离，宅在家里正好读诗。

看《王维诗选》，真好，有《相思》一首，正合今天境况。

> 红豆生南国，春来发几枝？
> 愿君多采撷，此物最相思。

这首诗平淡之极，浅白之极，句句大白话，老太太、小孩子一听都明白。几乎所有少儿读唐诗之类读本，都会收录这首诗。

但这首诗也绝妙至极，优美至极，大凡专业的唐诗选本，同样也都推崇这首诗。

从唐代一直到今天，知名度只增不减，传唱率节节攀升。没有人不夸它，专家说是"五绝之上乘佳品"，读者说是"把相思之情表达得入木三分"。

这是一首借咏物以寄托相思的赠诗，从诞生那刻起，就一直流行在歌坛教坊，"一曲红豆唱千年"。所以，流传各类版本中还有一个题目叫"江上赠李龟年"。

李龟年是什么人？是唐代鼎鼎大名的歌唱家，也是唐玄宗的御用歌手，要是放在今天，就是妥妥的歌坛一哥。

李龟年很牛，但不敢在王维面前耍牛，为什么？因为王维更牛。唐开元九年（721），王维二十一岁中进士，担任皇家乐队队长（大乐丞），创作诗歌，编写乐曲，指挥乐队，威风得很！"岐王宅里""崔九堂前"，那都是高高坐在嘉宾席位。

《云溪友议》记载，安史乱起，唐明皇入蜀，宫廷音乐家李龟年流落到湖南，曾经在"湘中采访使"举行的一次宴会上，歌唱了《红豆生南国》和《清风明月苦相思》两诗（皆为王维所作），使满座听者向着明皇所在的方向叹息流涕。

李龟年的传唱，使这首诗的知名度、影响力更进一步提高，再加上他们俩的特殊声望地位及其关系，乃使人误认为这首诗是他们俩合作的产物。可见，以"江上赠李龟年"命名，更有故事，更有趣味，更易于流传。

当然，也许是某一个时间，王维书写旧作赠给老朋友李龟年，从而使这首隐藏私密情感的诗公布于世，李龟年又把它唱响大江南北。大家只认李龟年的传唱，已不知原题如何、原写给何人。

严谨的专家选编这首诗的时候，都用"相思"这个题目，而不用"江上赠李龟年"这个名字。这是因为，用"相思"更能体现诗的本意，也更符合诗作的原貌。况且，五言绝句，句短字少，也不宜用长句子的题目。

王维的诗最大的特点就是言近意远、语淡情深。四句诗围绕红豆说事，就像情人窃窃私语，反复叮咛，是一种对话式的写法。语言直来直去，简单透明，但话里有话，语出双关，深藏着依依情思。

　　红豆只有南国才有，春天来了发不了几枝，劝你尽快多采撷，此物最珍贵，最解相思。劝人采撷解相思，其实是表达自己的相思。这和他的《九月九日忆山东兄弟》一样，自己思念兄弟家人，却说"遥知兄弟登高处，遍插茱萸少一人"。

　　古人评诗的高境界，常有"空灵"一说，就是"不着一字，尽得风流"。这首诗堪当此评。四句二十个字，却寓意无限，思绪万千，意境辽阔，韵味隽永。古今写红豆相思的诗句不知多少，有名的如唐代温庭筠的"玲珑骰子安红豆，入骨相思知不知"，五代牛希济的"红豆不堪看，满眼相思泪"，宋代黄庭坚的"半妆红豆，各自相思瘦"，晏几道的"绿窗红豆忆前欢"，清代纳兰性德的"摘得一双红豆子，低头，说著分携泪暗流"等。孤立看，每一句都很精彩，但与这首诗相比，就会"自愧不如"。

　　不过，这四句诗二十个字里，流传着几多争议之字，说来蛮有意思。

　　第一个是"春"来，还是"秋"来？有的版本是"春来发几枝"，这以普及类读物为主；有的版本是"秋来发几枝"，这类多是古籍类图书，比如当今王维研究权威陈贻焮、陈铁民，就执此一说。

　　第二个是发"故"枝，还是发"几"枝？这个好像多数都是采用发"几"枝，极个别采用发"故"枝。但如果采用"秋来"，我看还是用"故枝"好，"故枝"，可以承接

181

"秋来"的悲凉和怀念，全句更浑然天成。

第三个是"劝"君"休"采撷，还是"愿"君"多"采撷？这两句中两个关键字的异同，表达的意境略有不同。一个是让他多采撷，以解相思。一个是劝他别采撷，以免惹起相思。孰高孰低，这个就仁者见仁、智者见智了。

通篇理解全诗，我自己猜想，如果是少年的王维，应该会选择"春来发几枝"，也会选择"愿君多采撷"。如果是晚年的王维，大概会选择"秋来发故枝"，也会选择"劝君休采撷"。因为这两种意境，代表的是不同状态和心态。前一种相思是"热烈"的，后一种相思是"悲凉"的。前一种是满怀希望和憧憬的相思，后一种显然是一种经过人生千愁百恨之后欲说还休的沧桑感。

一粒红豆，惹起千般相思，一首《相思》，传唱经久不衰。掩卷深思，我觉得，用红豆表达爱情、寄托相思，比起西方那个瞬间凋谢的红玫瑰，更珍贵，更贞洁，更深情。

三个故事一首诗，一诗成谶三十年。

三个故事里涉及三个主要人物，一个是息夫人，一个是宁王，一个是王维。一首诗，就是王维年少成名的《息夫人》。

一

息夫人是战国时期息国国君息侯的小娘子。她本是陈国国侯的二女儿，据说是貌美无双、体态妖娆、聪慧贤良。本姓妫，嫁给息侯成了息夫人，也有称其为"息妫"的。

息国是战国时期的一个小诸侯国，故地大概在今天河南息县一带。

当时，楚国强盛，霸气侧漏，对周边小国虎视眈眈。息国周边还有陈、蔡两国，也是被楚国觊觎的小诸侯国。

陈国国侯把自己两个宝贝女儿，一个嫁给息侯当息夫人，一个嫁给蔡侯当蔡夫人，以此实现"三国联姻"，共抗楚国。

这一战略操作很顺利，也很见成效，楚国也眼巴巴看着他们三个小国，不敢轻举妄动。

可是，事情后来出现麻烦了。蔡国国侯本来娶的是大女儿，觉得女婿里面排行在前，长幼有序，自己很有面子。但当蔡侯看见小姨子息妫后，心里乱了，五味瓶打翻了，色心、色欲咕咕往上冒，磨盘都压不住。趁着亲戚聚会，想吃点豆腐，却碰了息妫的软钉子。

蔡侯"色心"碰了钉子，就动了"歪心"。他暗中勾结楚文王，并设计一个饭局，邀请息侯与夫人前来就餐，让楚文王突然袭击杀掉息侯，灭掉息国，掳走息夫人。

楚文王看到息妫，就像后来的唐玄宗看到杨玉环，"三千宠爱在一身"。息妫三年为楚文王生了两个儿子，其中一个就是后来的楚成王。楚文王更加宠爱息妫，时时处处捧着、带着、牵着，但息妫"终日默默，绝不言笑"。楚文王很郁闷，就问："我对你这么好，你怎么还这样闷闷不乐呢？"息妫答道："吾一妇人而事二夫，纵弗能死，其又奚言？"

此事经《左传》记载流传甚广，许多文人都"有诗咏怀"。唐代除了王维这一首，有名的还有宋之问的《息夫人》、杜牧的《题桃花夫人庙》、罗隐的《息夫人庙》等。宋代徐照的《题桃花夫人庙》、清代邓汉仪的《题息夫人庙》，也各尽其妙。

息夫人因为长得艳若桃李，又称桃花夫人。所以，现在武汉黄陂区还有"桃花夫人庙"，也算是一处名胜，游人多，新的题词也不少。

二

宁王李成器可不是一般人物，他是唐玄宗李隆基的大哥。他曾当过皇太子和皇太孙。李隆基联合太平公主宫廷政变成功，为父亲李旦夺得皇位，但立谁为太子？睿宗李旦犯难了。按照常规和礼法，自然是李成器；但李隆基夺权有功，又有一大帮哥们儿拥护他。弄不好就是又一个"玄武门之变"。

李成器很识趣，看清势头和大局，就主动上表坚辞太子之位，请求立三弟李隆基为太子。

李隆基当了皇帝后，对这位主动让位的哥哥心存感谢，多有迁就。李成器死后，还被追封为"让皇帝"。

李成器当了宁王后，只管花天酒地、风流快活，也不过问政治。李隆基很高兴。

宁王府里美女成群结队，宁王慢慢也玩腻了。一次出门溜达，忽然看见宁府左邻有一家卖饼的铺子，忙前忙后的老板娘，虽布衣蓝衫却风韵别致，自然、淳朴、成熟。宁王一见钟情，立马派人拿着银钱找那个瘸腿老板，买下小娘子进宁府做妾。

一年后，宁王大宴宾客。载歌载舞后，宁王引出一位娇娘子介绍给大家，大家一看都知道，这就是那个饼店掌柜的媳妇。

众人纷纷道贺宁王又添艳福，夸赞新夫人貌比天仙。但那娘子在众星捧月中却一直愁眉不展，面有戚色。

本来是炫耀一下新得的绝色美人，这女子竟然如此"不解人意"，宁王不高兴，就派手下去把那个卖饼的掌柜叫来，让大家看看那个卖饼的瘸腿有什么可留恋的。谁知掌柜的一来，两人相见，四目相对，一言不发，泪流满面。整个宁王府一无声息，只有这对小夫妇的嘤嘤泣声。

场面出乎意料的尴尬，宁王只好自找台阶，说："我今天就是想制造个故事，让在座的各位名士'七步成诗'，请各位开笔吧。"

185

满座文人都是才高八斗，但大家不摸底细，都面面相觑，不敢落笔。

踌躇之间，一位青年才俊递上了自己的诗歌，宁王一看：

> 莫以今时宠，能忘旧日恩。
>
> 看花满眼泪，不共楚王言。

宁王理解了这委婉的劝讽，也无奈接受了娘子难忘旧情的苦衷，对着卖饼掌柜说："你可以带她走了，回去好好卖你的饼吧。"

卖饼的带着女子离开后，宁王才向众人宣读刚才的那首诗，介绍诗的作者王维。

二十岁的王维，一诗惊满座，一夜之间红遍长安城。

三

王维这首诗借用楚文王与息夫人的典故，表达对这位卖饼女人的同情和理解，也婉转地劝讽宁王不可强人所难、夺人所爱。你若找碴儿，我没有说你半点不是，全说的古人啊；你要是理解了、接受了，那都是一番苦心善意啊。

张谦宜在《絸斋诗谈》中称赞这首诗说："体贴出怨妇本情，又不露出宁王之本情，真得《三百篇》法。……止二十字，却味外有味，诗之最高者。"

前两句先是内心独白：想拿宠爱让我变心忘掉旧情，没门儿！接着两句是软抵抗：给我如花的生活，我也只会流泪，威逼利诱我，也不与你说一句话。

其中看花流泪不发一语，这一细节生动传神，言外之意"充沛",象外之韵"丰满",典型的"形象思维第一流"!清代马位在《秋窗随笔》中作了比较评价:"最喜王摩诘'看花满眼泪,不共楚王言'。李太白'但见泪痕湿,不知心恨谁',及张祜'一声何满子,双泪落君前',又李峤'山川满目泪沾衣',得言外之旨,诸人用'泪'字,莫及也。"

这首诗的题目有不同的版本,有的加一个"怨"字,《息夫人怨》(《河岳英灵集》),也有叫《息妫怨》(《国秀集》)。其实,息夫人,最能代表王维诗的含而不露特点,如果加一"怨"字,则"筋骨"暴露,味减三分。

诗句中的"能忘旧日恩",《本事诗》用的是"宁忘";宋蜀本《万首唐人绝句》《唐诗纪事》《全唐诗》用的是"难忘";《乐府诗集》用的是"宁无"。比较下来,还是这个"能忘"好一些,描画息夫人的心思,分寸更精准。

至于,"今时宠"和"今朝宠","旧日恩"和"昔日恩""异日恩","满眼泪"和"满目泪",这些字词差别,都不伤原意。不过二十字的诗歌,出现这么多差异,可见文本流传时每一个编者都会有自己的取舍或者修正。

四

一首诗成就一段佳话,这个故事后人有不同看法,今天有人认为这是美化王维甚至神化王维,也有人说王维后来因"伶人舞黄狮子"遭贬,就是宁王下的"绊儿"。

其实,仔细捉摸这个故事和其中的人物及人物之间的关系,这个故事还是靠谱的。

宁王李成器,眼界胸怀绝非常人,连太子都可以毅然决然让出,何况一女子?

宁王也是个风流人物，精通音律，技艺高超，尤其擅长吹紫玉笛，对当时西域各国的歌舞了如指掌。雅好文学、音乐、歌舞，喜养门客、团结人才，更喜欢制造"花边新闻"，让那个皇帝三弟放心。

买回卖饼夫人，也是大鱼大肉吃腻歪了，换个口味尝尝腌菜馒头，已经藏娇一年，当初那点新鲜感也消磨得差不多了。

大庭广众之下遇此尴尬，不能失了体面，也正好找个台阶，王维这么一劝，反而成就一桩风雅故事。

事后，王维的弟弟王缙很是为哥哥担心，生怕因此诗得罪宁王。但第二年，宁王、岐王、玉真公主，三个当朝红人都保举王维参加科举，并进士及第，旋即就任大乐丞。

可见唐朝人和我们想的不一样。宁王这个"让皇帝"也不是浪得虚名。

不过，这首让王维一举成名、传为美谈的诗，谁也不会想到成了他的"谶语"。三十年后，却成为王维自己的"自画像"。当年，卖饼女子求死不能、流泪苟活的苦境，安史之乱后，落到了五十六岁的王维自己头上。

闻一多在《唐诗杂论》里说："想不到三十年之后诗人自己也落到息夫人这样命运。在国难中做了俘虏，尽管心怀旧恩，却又求死不得，仅能抱着矛盾悲苦的心情苟活下来，这种态度，可不像一个反抗无力而被迫受辱的弱女子吗？"

真是"千古艰难惟一死，伤心岂独息夫人"。

权贵是权贵，才子是才子

　　有民谚说，人生须有"贵人相助、高人指点、小人磨砺、亲人支持"。王维遇到的第一个贵人便是唐玄宗的四弟、岐王李隆范。

　　据《旧唐书·列传一百四十》王维的传记记载："维以诗名盛于开元、天宝间，昆仲宦游两都，凡诸王驸马豪右贵势之门，无不拂席迎之，宁王、薛王待之如师友。"

　　《新唐书·列传一百六十七》也有记载："维工草隶，善画，名盛于开元、天宝间，豪英贵人虚左以迎，宁、薛诸王待若师友。"

　　虽然都说王维在开元、天宝年间名动京师，但有两点值得注意：一是《旧唐书》说"以诗名盛于开元、天宝间"，《新唐书》说"维工草隶，善画，名盛于开元、天宝间"。二是只说"宁王、薛王待之如师友"，并没有特别提到对王维"尤为眷重"的岐王。

只有唐人薛用弱的《集异记》才首次提到岐王："王维右丞，年未弱冠，文章得名。性娴音律，妙能琵琶，游历诸贵之间，尤为岐王之所眷重。"

薛用弱也是唐代河东人，算是王维的小老乡。他生活在唐德宗、穆宗时期，也当过刺史之类的官吏，应该说对自己同乡加前辈的王维还是热爱、崇敬和了解的。他所写《郁轮袍》的故事，也不能说是杜撰，但毕竟《集异记》并非正经的"史书"，而是传奇小说，不可全信。

到了元代辛文房的《唐才子传·王维传》，又有详细记载："维，字摩诘，太原人。九岁知属辞。工草隶，闲音律。岐王重之。"其中生动形象地记述了岐王如何为王维谋划争取玉真公主一起推荐王维摘取京兆尹府试解头的故事，并第一次说，王维是当年进士的状元。

史书没有准确记载王维是什么时间、什么地点结识岐王李隆范的。

从王维留存的诗歌中可以看到，王维与岐王关系确实不一般。不仅仅是经常出入岐王府，就是岐王出去游玩、到朋友家做客或者奉皇帝旨意出去避暑，王维也是陪伴左右。可见，在岐王众多的门客中，王维有一定地位和知名度。

当然，王维也不是吃闲饭的，岐王每有重大活动，王维都有诗，歌之咏之。

这类应景的诗歌，限制多，时间紧，往往难出精品，许多知名诗人写的应制诗都湮没无闻。但王维偏偏就这么有才，能把这种贵族宴游活动写出花样来。

王维留存的诗歌中，有《从岐王过杨氏别业应教》《从岐王夜宴卫家山池应教》《敕借岐王九成宫避暑应教》三首，个个精彩。

先看《从岐王过杨氏别业应教》：

> 杨子谈经所，淮王载酒过。
> 兴阑啼鸟换，坐久落花多。
> 径转回银烛，林开散玉珂。
> 严城时未启，前路拥笙歌。

起笔点题，用典巧妙，把岐王这次到杨氏别业的游玩，誉为汉代的淮南王刘安礼贤下士，到扬雄处讨论文章辞赋。既赞扬了岐王，也抬高了主人杨氏。可谓一拍两响！

接着，引出千古名句"兴阑啼鸟换，坐久落花多"。玩得尽兴，玩得开心，意兴阑珊，鸟儿都换了啼声；久坐谈天，落花也已层层叠叠。把别业的环境优雅，主人的热情好客，宾主的亲切友好，夜深人静的倦意袭人，都浓缩在这两句中。如此写景传神，难怪历代诗家都夸不绝口。宋代吴可《藏海诗话》说："虽不夸服食器用，而真是富贵人口中语，非仅'笙歌归院落，灯火下楼台'之比也。"

后面四句，写的是归来途中景象，场面宏大，富丽堂皇：夜色中，银烛通明蜿蜒数里，车骑前呼后拥浩浩荡荡，一路笙歌欢腾，赶到尚未开启的城门下。读来像电影的蒙太奇一样，满眼的镜头感、节奏感。

整首诗，四联八句，把一场宴游写得摇曳生姿，活色生香。王维用自己的"兴味无穷"之笔，写出了宴游的"无穷兴味"。

再看《从岐王夜宴卫家山池应教》：

座客香貂满，宫娃绮幔张。
涧花轻粉色，山月少灯光。
积翠纱窗暗，飞泉绣户凉。
还将歌舞出，归路莫愁长。

　　客人的华丽着装，主人的逸丽缦帐，水边鲜花的娇艳，山中月亮的明净，透过窗纱的翠绿，飞泉掀动的凉气，层出不穷的歌舞，都描写得精彩细腻，俨然一幅工笔《夜宴图》。

　　最后，我们再看《敕借岐王九成宫避暑应教》：

帝子远辞丹凤阙，天书遥借翠微宫。
隔窗云雾生衣上，卷幔山泉入镜中。
林下水声喧语笑，岩间树色隐房栊。
仙家未必能胜此，何事吹笙向碧空。

　　王维发挥自己写景的绝活，中间四句"隔窗云雾生衣上，卷幔山泉入镜中。林下水声喧语笑，岩间树色隐房栊"，把一个遵照皇帝指示的无聊避暑活动写得妙趣横生，把一个山野之地写得直冒仙气。《增订唐诗摘钞》说："'衣上'字，'镜中'字，'喧笑'字，更画出景中人来，犹非俗笔所辨。"《唐诗观澜集》说："处处切避暑意，设色直令心地清凉。"

　　王维出色的文采风流，使岐王格外欣赏。当然，王维也给岐王带来了面子和虚荣。

　　自身才华横溢，又有宁王、薛王、岐王这样的权贵相助，唐开元九年（721）春，王维进士及第并夺魁状元，当即就任太乐丞。

　　按唐朝惯例，进士及第，并不能当即"解褐"，也就是

192

还不能立马就授给你官职，还要通过吏部的府试才可以给予官职。但王维走的是高层路线，后台硬，特殊人才特殊处理，派他到太常寺任太乐丞，管理皇家乐队，也是用其所长。况且王维爷爷当年就在太常寺担任协律郎，也算是有家学渊源。

可是，刚坐上太乐丞的官位，王维就因为"伶人舞黄狮子"而受到牵连，被贬出京城，到山东济州当一个小小的司仓参军。

刚才还是风光无限，转眼就是灰溜溜被贬。

这个语焉不详的"伶人舞黄狮子"事件，背景复杂，有许多蹊跷和微妙。其实，就是唐玄宗借题发挥，敲打岐王。

唐玄宗通过两次宫廷政变才当上皇帝。搞宫廷政变时，兄弟四个团结一心终成大事。一旦当了皇帝，兄弟们的关系就微妙起来了。唐玄宗虽然封了哥哥弟弟做王爷，但却心里留着防范，最忌讳朝臣与王爷勾搭。

在王维状元及第的前一年，也就是唐开元八年（720）十月，唐玄宗"禁约诸王，不使与群臣交结"。

禁令颁布，刚好唐玄宗的妹夫裴虚己不守规矩，和岐王李隆范一起喝酒，还私自议论一些朝廷机密。十月九日，唐玄宗李隆基下令把裴虚己流放到新州（今天广东省的新兴县），还逼迫他与公主离婚。

接着，薛王李隆业的内弟、太子宫掌印官韦宾，因为在唐玄宗有病期间，和宫廷总管皇甫恂私下谈论病情，也被唐玄宗下令杖毙。

但对岐王、薛王，唐玄宗却是一如既往，并告诉左右随从："我们兄弟感情很好，没有什么过节，都是一些攀附的马屁精造谣生事，我一辈子都不会责备兄弟的。"

有此背景，我们可以想象，王维作为岐王的红人，风头很旺，刚好又牵连进"伶人舞黄狮子"一案中，那该会有多少人盯着看？唐玄宗又怎么会不抓他这个典型？不仅可以敲打岐王，还可以震慑别的王爷权贵，更可以吓阻朝臣攀附王爷。

唐玄宗不愧是一代雄主，是翻手为云、覆手为雨的高手。看你才气大、名声响，点你当状元，可以收拢人心；看你太扎眼，跟岐王太紧，也要拿你当棋子，可收杀一儆百之效。

由此推测，《旧唐书》《新唐书》的王维传，只提"宁王、薛王待之如师友"，而不提岐王，对"伶人舞黄狮子"又讳莫如深，其中也许别有文章吧。

王维满怀委屈地离别长安。

八年后再次回到长安时，岐王已经于唐开元十四年（726）"薨了"。

《旧唐书》《新唐书》中关于岐王李隆范的传记，都说"范好学，工书，爱儒士，无贵贱为尽礼"。但都没有具体记载王维和岐王的交往，倒是有"与萧朝隐、刘廷琦、张谔、郑繇等善，常饮酒赋诗相娱乐"的记载。

只有王维的传记里记载了宁王、薛王、岐王对王维的欣赏和器重。

分析新旧唐书这种安排，应该可以看出，在岐王的朋友圈里，王维只是"门客"中一个颇有才气的美少年，岐王对他只是有几分欣赏，有心栽培，地位和分量在岐王的眼里还排不到前列，论交情和关系，也没有进入核心圈。但从王维的角度来看，岐王无疑是他最高贵、最重要的靠山。

事实上，王维"成也岐王，败也岐王"。被力挺，而高中状元，被牵连，又被贬出京。

"伶人舞黄狮子"事件中，岐王没有出手援助，我觉得是忌惮唐玄宗的政治敏感，不便说话。但在王维到济州当司仓参军后的四年，岐王再也不管不问，也可看出王维在岐王的心里，也就是随他去吧！

　　不论你才高八斗，还是新进状元，在政治这盘棋上，你也就是予取予夺的棋子而已。

　　权贵是权贵，才子是才子。两码事！

相安无事的"掰弯"

如果说岐王李隆范是王维的贵人，宰相张九龄是王维的恩人，那么奸相李林甫就是王维遇到的恶人，是他"掰弯"了王维的人生。

李林甫就像王维头顶上的一片阴云，笼罩了他十七年。硬生生把一个热血青年挤压成"万事不关心"的隐者，把一个清高自诩的才子扭曲成"苦无出人智"的平庸小吏。

王维从唐开元二十三年（735）三十五岁担任右拾遗开始，到唐上元二年（761）六十一岁病逝，在朝为官二十六年，其中三十五岁到五十二岁这十七年黄金壮年，在李林甫宰相的领导下为大唐工作。

王维是贵族世家出身，头顶状元光环，又有诗、画、音乐、书法等才华加持，属于官场的清流名士，对圣君贤臣、开明政治，抱有满腔热忱，一股清高孤傲做派。

李林甫是皇家血统，不学无术，常常念错别字，靠出身，靠关系，进入仕途。但此人擅长琢磨人心，善于见风使舵，也擅长"吏务"，有行政管理才能。他的绝活是"善刺上意""善养君欲"，当宰相，只管顺着皇帝心思，把皇帝想办的事办好，讨得皇帝欢心、宠信，至于社稷安危、人民幸福，且放一边。

王维本是张九龄举荐的"红人"，张九龄又是李林甫的政敌。

王维和李林甫本就不是一路人，如今又站在两个阵营。

唐开元二十四年（736）十一月，张九龄、裴耀卿同时被罢相后，王维在口蜜腹剑的李林甫手下"熬人"，其中艰难，可以想见。

当时，王维在中书省担任右拾遗，属于建言献策、查漏补缺的谏官角色。

李林甫一当权，先把一帮"拾遗""补阙"的谏官言官召集起来训令："明主在上，群臣将顺不暇，亦何所论？君等独不见立仗马乎？终日无声，而饫三品刍豆；一鸣，则黜之矣。后虽欲不鸣，得乎？"（《新唐书·李林甫传》）意思就是说，当今圣上英明无比，我们群臣遵旨办事还唯恐办不好，哪用得着我们多嘴多舌？你们看见朝堂外的立仗马没有？举行早朝时规规矩矩在那里站着，仪式结束，就可以享用三品的草料，一旦鸣叫，立马便会贬斥牵走。

这番训话，王维身在其中，自知其堵塞言路、蒙蔽皇帝、独揽朝纲的险恶用心。

接着，一个不听招呼的左补阙杜琎上书皇上，李林甫便杀鸡儆猴，把杜琎贬为下邽县令。

看到同僚的下场，王维感到丝丝寒意冷彻骨髓。难道就这样"尸位素餐"，甘心当个立仗马？

唐代的政治体制是三宰并行制。用钱穆先生的话说就是"汉宰相采用的是领袖制"，"唐代宰相则采用委员制"，中书省、门下省、尚书省的首长，共同行使宰相权利，遇事在政事堂举行联席会议。但到了李林甫担任中书令时，仗着唐玄宗的宠爱，骄横跋扈，在三宰中"一股独大"，其他宰相几乎成了摆设。尤其是张九龄一再反对的从节度使入相的牛仙客，更是只有唯唯诺诺地奉迎。

担任监察御史的周子谅出于激愤，上书唐玄宗，指出牛仙客非宰相之才，身居高位，却不履行职责，只知道随声附和。唐玄宗对周子谅上书很不高兴，当庭责问时，周子谅又顶撞唐玄宗，被杖责四十大板后，仍坚持自己的意见指责牛仙客尸位素餐。

被打得奄奄一息的周子谅全家被流放襄州，周子谅出长安不远就死在途中。

这还没完，因为周子谅是张九龄当年举荐的官员，张九龄当宰相时又反对过牛仙客到朝廷任职。所以，李林甫乘机对唐玄宗说："周子谅是受张九龄幕后指使，状告牛仙客，顶撞圣上您。"

唐玄宗又迁怒张九龄，把他从尚书左丞相贬为荆州刺史。

这一连串的重大事变，使盛唐政治急速向昏暗沉闷滑落。正如《资治通鉴》所言："自是朝廷之士，皆容身保位，无复直言。"

王维在张九龄罢相后，坚定站在张九龄阵营，参加张九龄、裴耀卿、萧嵩、韩休等一帮大佬的聚会，并撰写《暮春太师左右丞相诸公于韦氏逍遥谷宴集序》。

周子谅杖责而亡，张九龄被认为是后台，再次被贬出京城，到荆州任刺史，王维又写诗《寄荆州张丞相》，表达感恩和忠心。

诗，可以写，恩，可以感，官，还要做。

只是王维满腔的政治热情和远大政治抱负，已经烟消云散。

王维自幼丧父，兄弟五个，他是长子。考进士，走仕途，当表率，是家人的期待，也是他自己的人生目标。所以，他虽然几次动了"归隐山林"的念头，也写了不少"禅饮山泉"的诗歌，但最终都没有彻底放归自己。

他自己在朝为官，二弟王缙也在朝为官，还有其他弟弟在地方为官，更有小弟弟等着进入仕途。他不敢因为自己得罪权臣，而让已经当官的弟弟受牵连，也不能拂袖而去，让还没有当官的弟弟们断了指望。他有许多放不下、舍不得。

他做不到"苟利国家生死以，岂因祸福避趋之"的耿直。

他也做不到"人生在世不称意，明朝散发弄扁舟"的潇洒。

他在权衡中隐忍，在等待中苦熬。

他在探索亦官亦隐的心灵救赎。

他在既不同流合污，也不彻底决裂中夹缝生存。

不过，在李林甫这一方面，他对王维自有一番考量。

李林甫虽然学术、文字水平差，没有进士学历，但也是绝顶聪明的官场高手。雄才大略的唐玄宗并不好伺候，当了四十四年皇帝，前前后后换了二十五个宰相，最短的四个月，而任职时间最长的就是李林甫。

能在唐玄宗手下当好十九年宰相，李林甫可不是吃素的。一个"口蜜腹剑"的成语，就是专门给李林甫量身定制的，他"性阴密，忍诛杀，不见喜怒"，打击对手，从来不明火执仗，都是"阴计中伤之"。

像王维这样才名远扬，皇帝都知道的人，李林甫没有必要对其"动手动脚"直接打击，似乎还可以虚情假意地拉拢、示好，以装点自己的门面。

况且，唐玄宗好大喜功，又喜欢卖弄文艺，常常要群臣应制作诗，自己没这个能耐，还不得有个"扛把子的"帮闲文人陪皇帝高兴？那环顾朝廷上下王维就是最好人选。

御用文人不可少，政治花瓶必须有，敌对阵营也要点缀使用以显示"宰相肚量"。

所以，李林甫似乎并不计较王维的"张系色彩"，照样使用，只是让他离开核心部门中书省，让他以监察御史的身份代表朝廷出使河西慰劳边防军队。后来又让他改任殿中侍御史，出使桂州，知南选。天宝元年，王维转岗到门下省担任左补阙，当了三年"帮闲文人"、写了三年应制诗后，又以殿中侍御史的身份出使榆林、新秦边塞两郡。回来后又到兵部下属的库部多岗位锻炼，先后担任库部员外郎、库部郎中，从事军队后勤工作。

从这些任职履历可以看出，王维在李林甫手下，虽未受直接迫害，但也一直是"软挤兑"，让你在多岗位频繁调整中，无所作为，无所根基，最后边缘化。

唐玄宗的骄奢淫逸，李林甫的阴云笼罩，朝政的日非一日，王维自己也日渐消沉，抱着"无可无不可"的态度，叫干啥就干啥，无怨言，无牢骚，"应同罗汉无名欲"。

王维和李林甫的关系史无明确记载，他们两个唯一的瓜葛，就是一首应制诗和一个亲信秘书。

先说这首应制诗。那是唐天宝元年（742），唐玄宗拥着杨贵妃到骊山泡温泉，群臣扈从而至。皇帝写了新诗，群臣纷纷应制而作。新近特招的翰林李白当然率先写出《侍从游宿温泉宫作》，作为宰相的李林甫也积极交出据说是秘书代写的应制诗《扈从温汤》。到了王维，他动了点儿心眼，他写了《和仆射晋公扈从温汤》。自贬身份，不敢直接应对皇帝的诗，只敢随着宰相的诗附和一下。

> 天子幸新丰，旌旗渭水东。
> 寒山天仗里，温谷幔城中。
> 奠玉群仙座，焚香太一宫。
> 出游逢牧马，罢猎有非熊。
> 上宰无为化，明时太古同。
> 灵芝三秀紫，陈粟万箱红。
> 王礼尊儒教，天兵小战功。
> 谋猷归哲匠，词赋属文宗。
> 司谏方无阙，陈诗且未工。
> 长吟吉甫颂，朝夕仰清风。

这首诗在王维的众多应制诗里平淡无奇，但由于是应和李林甫，后世争议很大。有人据此说，王维已经卖身投靠李林甫。也有人说，李林甫身为宰相，上级交办的作业，下级官僚哪敢不写？卖身投靠，不足为凭。

其实，从诗中也能看出，王维自降身份，应制仆射，是对李林甫嫉贤妒能的提防式的恭敬；满篇中规中矩地颂扬，是一种言不由衷的应酬；尤其是对李林甫"谋猷归哲匠，词赋属文宗"的夸赞，是肉麻吹捧还是语带暗讽，很难分辨。一个文辞很差、常念错字的人，你夸赞他是大文豪、天下文宗，他不尴尬？其他人会不暗笑？

再说这个亲信秘书，那就是李林甫身边的大秘书苑咸。《新唐书·李林甫传》记载："林甫无学术，发言陋鄙，闻者窃笑。善苑咸、郭慎微，使主书记。"

苑咸是李林甫身边的红人，当时任中书舍人。此人素有文才，又喜欢梵文，与王维交谊深厚，来往密切。双方互有诗词唱和，王维诗中有《苑舍人能书梵字兼达梵音皆曲尽其妙戏为之赠》《重酬苑郎中》，苑咸诗中有《酬王维》。苑咸诗中调侃王维："为文已变当时体，入用还推间气贤。应同罗汉无名欲，故作冯唐老岁年。"流露出对王维"久未升迁"的同情，暗示可以帮忙。但王维却打哈哈"仙郎有意怜同舍，丞相无私断扫门"，婉拒了苑咸的好意，不走李林甫的"门道"。

纵观李林甫当权的十七年，王维与其表面上相安无事，其实是各自心里都有芥蒂，各自都在疏离。王维个人的仕途官运、政治作为平平淡淡，了无可圈可点之处。没有因错误受责罚，没有因功劳受奖励，无功无过而已。

这十七年，王维在委曲地调整自己的姿势，以适应挤压和沉闷的政治气候。他也在努力与李林甫适应或者周旋，进行着保持距离的、不和谐的、不合拍的"合作"。

政治的幻灭，官场的失意，也使王维的诗风大变。他的诗歌创作，从外部的建功立业的张扬开始走向内心的宁静冲和，从兼济天下开始转向独善其身。

这一时期，王维诗歌创作，集中在三个方面发力：

一是遵命写作了大量的宫廷应制诗，用自己高超的写作技巧和艺术手法，生动表现了盛唐气象和京城繁华，细致描画了唐代宫廷的生活场景，奠定了自己宫廷御用诗人的地位。

二是走出京城、走向士兵、走向战场的出使边塞的特殊经历，成就了王维边塞诗创作高峰，使其成为唐代边塞诗的先驱。

三是以隐者的心态站立朝堂，以无为的状态为官从政。为消解尘世烦恼、官场不平，他寄情山水，创作了大批物我两忘的山水田园诗歌，成为唐代山水田园诗的代表人物。

　　十七年的官场挤压扭曲，使王维的心态已无昂扬奋发之初心。他的诗歌艺术成就，也是身世遭际、心灵苦痛的外化。就像一个盆景一样，外力的塑造，曲尽其美，生长的憋屈，筋骨的疼痛，只有自己知道。

　　在外人眼里，王维的诗雍容华贵，清淡高雅，其实内心里都是泪。寄情山水，成了他逃避尘世苦恼的出口，参禅打坐，成了他心灵救赎的避风港。

大漠孤烟藏隐情

　　一次特殊的经历，遇到一个特别之人，使王维的人生阅历、政治境界、为官心态发生重大转变。

　　这次特殊经历，就是奉旨出使塞上，宣慰唐军大破吐蕃的军功，并留任河西节度使幕府通判。

　　这个特别之人，就是当时主持工作的河西副节度使崔希逸。

　　自古以来，河西走廊一直是中原王朝的战略重地。匈奴、吐蕃、突厥、回鹘，乃至于阿拉伯的势力，都谋求在此立足。尤其是吐蕃王朝，觊觎青海、甘南两大草原的肥美，一直想占领河西走廊。对于中原王朝来说，一旦失去河西走廊，不但关中、西域被割裂，不能首尾相顾，而且最核心、最富庶的关中平原也暴露在兵锋之下。唐太宗时，褚遂良就明确指出"河西者，中国之心腹"。所以，唐朝政府历来高度重视河西走廊的军队建设、边疆建设，河西节度使更是皇帝钦点的朝中重臣。

　　据《唐方镇年表》记载，唐朝选任的河西节度使一共二十六人，除宗室、宰相遥领外，余者均是骁勇善战之人。

名将贺拔延嗣、王倕、夫蒙灵察、王忠嗣、安思顺、哥舒翰、郭子仪都曾担任或兼任河西节度使的职务。

唐开元二十四年（736）秋，河西节度使牛仙客因军功被唐玄宗提拔到朔方战区任行军大总管，崔希逸以中书省右散骑常侍的身份，接替牛仙客为河西副节度使，"知节度使事"，也就是主持工作。

到任第二年，即唐开元二十五年（737），河西战区便传来捷报："发兵自凉州南入吐蕃二千余里，至青海西，与吐蕃战，大破之，斩首二千余级。"

唐玄宗龙颜大悦，颁发敕令，派遣王维以监察御史的身份前往凉州宣慰。

当时的王维正为张九龄被罢相而愤愤不平，也因担心李林甫的报复而惴惴不安。

奉命出塞，对王维来说是喜出望外的大好机遇。

唐代，尤其是盛唐，有尚勇好武崇侠义的风尚。王维虽出身世家，雅好文学，但骨子里也有一些豪侠因子。十几岁在长安游荡，就写了《少年行》一组四首，侠气激荡，文采张扬，一时轰动京城。

这次奉命出塞，刚好遂了他热血沙场、建功边塞的夙愿。一路上，经过咸阳、奉天、邠州、泾州、原州，到萧关（今宁夏固原），王维遇到了崔希逸派来迎接的骑兵队。

骑兵前呼后拥，单车徐徐前行；仰望蓝天白云，大雁奋飞；远望大漠孤烟、长河落日。王维顿感心胸开阔、神思昂扬、诗兴大发，《使至塞上》脱口而出：

　　　　单车欲问边，属国过居延。
　　　　征蓬出汉塞，归雁入胡天。

大漠孤烟直，长河落日圆。
萧关逢候骑，都护在燕然。

　　崔希逸当过郑州刺史这样的地方诸侯，又担任河西副节度使这样的战区司令，还立过战功受到皇帝嘉奖。

　　按道理崔希逸这样的身份，这样的军功，应该青史有传。但不论是《旧唐书》，还是《新唐书》，都没有他的传记。

　　唐代崔姓是五大贵族的望族，崔希逸这样的高官显贵（二品大员）家谱必有记载，但保存相对完整的崔氏家谱，恰恰就没有只言片语。

　　这一诡异现象成为历史迷雾，至今未解。

　　有关他的记载，都是在叙述别人的时候草蛇灰线一般埋伏其中。

　　《旧唐书·李憕传》和唐人杜佑的《通典》，最早记载崔希逸从一个县尉升职到劝农判官："（开元）九年，（张说）入为相，（李）憕又为长安尉。属宇文融为御史，括田户，奏知名之士慕容珣、崔希逸、咸廙业、宇文顺、于孺卿、李宙及憕等为判官，摄监察御史，分路检察，以课并迁监察御史。"

　　《旧唐书·食货志》记载，崔希逸以郑州刺史兼任江淮、河南转运副都使。宣州刺史裴耀卿上便宜事条，多次就南方粮食运输京城问题提出改进意见，唐玄宗"深然其言"。唐开元二十二年（734）八月，"寻以耀卿为黄门侍郎，同中书门下平章事，充江淮、河南转运都使；以郑州刺史崔希逸、河南少尹萧炅为副。凡三年，运七百万石，省陆运之佣四十万贯"。

　　关于崔希逸任河西副节度使期间的记载，只有从《旧唐书·玄宗纪》和《旧唐书·吐蕃传》寻找：

"三月乙卯，河西节度使崔希逸自凉州南率众入吐蕃界二千余里。己亥，希逸至青海西郎佐素文子觜，与贼相遇，大破之，斩首二千余级。"（《旧唐书·玄宗纪》）

"时吐蕃与汉树栅为界，置守捉使。希逸谓吐蕃将乞力徐曰：'两国和好，何须守捉，妨人耕种。请皆罢之，以成一家，岂不善也？'……希逸固请之，遂发使与乞力徐杀白狗为盟，各去守备。于是，吐蕃畜牧被野。俄而希逸傔人孙诲入朝奏事，诲欲自邀其功，因奏言'吐蕃无备，若发兵掩之，必克捷'。上使内给事赵惠琮与孙诲驰往观察事宜。惠琮等至凉州，遂矫诏令希逸掩袭之。希逸不得已而从之，大破吐蕃于青海之上，杀获甚众，乞力徐轻身遁逸。惠琮、孙诲皆加厚赏，吐蕃自是复绝朝贡。"（《旧唐书·吐蕃传》）

从这些一鳞半爪的记载，可以拼凑出崔希逸的大概：崔希逸是一位卓有政声的行政官员，也是天下名士。早年是一位县丞，后被宇文融奏明皇帝，升任劝农判官，此后又当监察御史、郑州刺史、江淮河南转运副都使。调任河西副节度使后，在边疆加强军事备战的同时，实行和平外交政策，争取吐蕃的边防首领取消敌对，并与吐蕃边将乞力徐"杀白狗为盟"，互不侵犯，鼓励互通有无，稳定人心。

但是和平的局面总会被一些战争贩子所打破。崔希逸手下有一个不顾大局、投机钻营的家伙，叫孙诲，崔希逸派他到朝廷汇报工作，他却私心发作，借机表现，向皇帝出主意：趁着吐蕃不设防，发动袭击，必获大胜。唐玄宗被说得动了心，就派这个孙诲和太监赵惠琮前往河西军中观察是否可行。可是这两个人到了河西，就说皇帝说了，要偷袭、要开战。

在圣旨难违的情况下，崔希逸不得已发兵突袭吐蕃，"大破之，斩首二千余级"，自己得了军功，受到嘉奖。

吐蕃人觉得他背信弃义，"自是吐蕃复绝朝贡"。崔希逸自己也觉得失信于人，非君子所为，郁郁寡欢。

王维衔皇命前来贺喜宣慰，结果看到的却是崔希逸的一脸委屈和尴尬。

细问之下，才知道这个局部的胜利、一时的大捷，毁坏的是大局和长远。大唐在西域诸王朝中将丢失政治信誉，崔希逸自己也背负骂名，心里郁闷。

一个奉命问边的钦差大臣，一个驻守一方的边防司令，面对这个大获全胜背后的"黑洞"，怎么办？

皇命难违，皇差难当，王维只能劝勉崔希逸，既然开战，已经无法回到"互不侵犯"的盟约时期，就只有积极备战，防止吐蕃挟仇报复。崔希逸也觉得自己应该尽其所能稳定边疆，缓和矛盾，以战止战。

崔希逸被王维的理解、宽慰和见识所感动，干脆上报朝廷，延聘王维留在河西做幕府判官。

深入边塞，结交崔希逸，使王维真正了解西域边疆的真实情况和战略态势，也使他开启了一段难忘的军旅生涯。他被崔希逸延聘为幕府判官后，协助崔希逸处理边防事务，积极备战。

工作之中，王维与崔希逸结下了深厚友谊，许多军中文稿都由王维代笔。其中有一篇《为崔常侍祭牙门姜将军文》，写得文采飞扬，气薄云天。写将军英雄气概，"带甲十万，铁骑云屯。横挑强胡，饮马河源"；写战斗惨烈，"前有血刃，后有飞镞。其气益振，大呼驰逐。翩翩白马，象弧雕服。戈舂其喉，矢集其目"；写悲悼之情，"长天积雪，边城欲暮。麾下行哭，前旌抗路。身有宝剑，不佩而去。辕有代马，悲鸣蹢顾"。

虽属于代写的例行文章，但可以看出，王维的思想境界、精神风貌，已经不是寻章摘句的文人，而是昂扬着战斗精神的战士。

这一时期，王维还有《送高判官从军赴河西序》《送李补阙充河西支度营田判官序》等文章，都写得酣畅淋漓，气格高亢，体现出对边塞、对边疆、对守边将领的热爱和敬意。

当然，影响深远的还是王维写作的《出塞作》《陇西行》《凉州郊外游望》《凉州赛神》《陇头吟》《老将行》等边塞诗。开辟了王维诗歌创作的新天地、新境界，也奠定了王维盛唐边塞诗人的先驱地位。

崔希逸与王维互相影响，相互交流，崔希逸也根据战争经历写了不少边塞诗。其中《燕支行营》一诗，颇有大将风度，洋溢着浪漫主义色彩：

天平四塞尽黄砂，塞冷三春少物华。

忽见天山飞下雪，疑是前庭有落花。

唐开元二十六年（738）三月，吐蕃军队开始大举进攻河西地区，早有防备的崔希逸指挥唐军迎头痛击，再次大败吐蕃。

连续打胜仗的崔希逸，却在五月份接到圣旨：李林甫兼领河西节度使，崔希逸调任河南尹。

辞别之时，崔希逸很悲伤，对王维说，自己有预感，恐怕不久于人世，拜托王维两件事：一是为自己的老岳父做一场法事，超度亡灵，以追冥福；二是请奏明皇上，允许他的小女儿出家为尼，献身佛门，以此表达他对失信于吐蕃边将乞力徐的忏悔。

笃信佛教的王维深知因果报应对崔希逸的心理压力，也知道背负"黑锅"的崔希逸将来在官场的尴尬处境。

崔希逸离开凉州后不久，王维也于当年秋初离开凉州，回京继续任职监察御史。

当王维回到京城长安时，崔希逸已经逝去。王维悲伤地写道："秋风正萧索，客散孟尝门。"

对于崔希逸的死因，史书写得挺神叨。《新唐书》是这样写的："（崔希逸）既而与（赵）惠琮俱见犬祟，疑而死，（孙）诲亦及它诛。"

《旧唐书》又是这样记载："行至京师，（崔希逸）与赵惠琮俱见白狗为祟，相次而死。孙诲亦以罪被戮。"

这些说法，都是以"杀白狗为盟"而失信，遭白狗作祟而死。

相比较，还是《资治通鉴》写得靠谱："开元二十六年（738）五月乙酉，李林甫兼领河西节度使。丙申，以崔希逸为河南尹。希逸自念失信于吐蕃，内怀愧恨，未几而卒。"

王维信守承诺，为崔希逸的岳父撰写了《西方变画赞并序》，超度西方净土，以追冥福。又上表皇帝请求恩准崔希逸小女儿落发为尼，还为此专门写了一篇《赞佛文》。

河西战区的这一段特殊经历，使王维对唐王朝的政治、军事、边防，有了真切、深刻的认识和体会，眼界更高远，心胸更开阔，诗风呈现出飒爽硬朗，字里行间张扬着英雄主义的气质。

在与崔希逸这个文武兼备的特殊人物交往中，王维观摩并参与了边疆建设、战斗指挥和外交斡旋，成为盛唐第一个真正有战争经历的边塞诗人。比起后来的边塞诗人高适、岑参，王维早到边塞十余年，也早写了十余年，边塞诗的数量水平也独领风骚十余年。

也许因为这一段边塞军事经历，使朝廷对王维刮目相看，在天宝四载，朝廷又派他出使边塞榆林、新秦。回来后，就改派他到兵部下边的库部担任员外，不久又升为库部郎中，在兵部先后工作了五年。

王维可以自豪地说：老子也是担任过军职的领导干部！也是真正在边塞从过军、打过仗的诗人。

亦师亦友亦知己

人生难得一知己。

王维一生结交朋友同僚无数，应酬送别、唱和、吟咏的诗人很多，但真正堪称知己或者生死之交的，唱和寄赠诗歌最多的，只有一人。

自家的辋川别墅，邀请他同吃同住同游同题作诗（《辋川集》），似亲人，似家人。

自己看到好山好水风景，便迫不及待地写信给他分享，掩饰不住的满心欢喜，细致入微地生动描述（《山中寄裴秀才迪》），似道友，似师徒。

分别不久，思念绵绵，"不相见，不相见来久。日日泉水头，常忆同携手。携手本同心，复叹又分襟。相忆今如此，相思深不深"（《赠裴迪》），似情人，似伴侣。

世态炎凉，心有不平，就发牢骚给他："酌酒与君君自宽，人情翻覆似波澜。白首相知犹按剑，朱门先达笑弹冠。"（《酌酒与裴迪》）似知己，似兄弟。

人家家里新搞了个"小高台"，便乐呵呵跑过去，赋诗赞颂一番（《登裴迪秀才小台作》），活似两小无猜老顽童。

人家喝醉了，东倒西歪，他便写诗说"复值接舆醉，狂歌五柳前"（《辋川闲居赠裴秀才迪》），满是慈爱欣赏的目光。

看到季节变化，就写诗告诉他赶快回来，该种地啦："请君理还策，敢告将农时。"（《赠裴十迪》）恰如一对农夫般热衷耕读，倾心稼穑。

自己落难被囚，甘冒生死前来探望曲线营救的，还是他，也只有他。

救命恩人，生死之交。

这个人，就是裴迪。

在影响王维人生的几个重要人物中，裴迪名不见经传，生卒不详。但在王维的人生旅途中，他却是王维最亲近、最温暖的一个重要人物。

他们的关系可以说是"亦师亦友亦知音"！

裴迪何许人也？他是何时何地与王维相识？我们已经无法确切知道。

有说裴迪是关中人，即如今的陕西人。

也有说，裴迪是河东人，即如今的山西人。

有专家说，裴迪曾经到张九龄的荆州刺史幕府当过幕僚，张九龄逝世后，归来长安闲居，开始与王维的内弟崔兴宗相熟，通过崔兴宗得以认识王维，并崇拜追随王维。

也有专家说，裴迪曾经担任蜀州刺史。那也算是不小个官，但史书不见记载。

更有小说家言，裴迪性狂放，好豪饮，常常喝得烂醉。王维从街头捡回烂醉的裴迪，并收养教导培养成才。

不论是《旧唐书》，还是《新唐书》，都只有王维的传记里提到裴迪，说王维"别墅在辋川，地奇胜，有华子冈、敧湖、竹里馆、柳浪、茱萸沜、辛夷坞，与裴迪游其中，赋诗相酬为乐"。

《唐才子传》也是王维传记里有记载："别墅在蓝田县南辋川，亭馆相望。尝自写其景物奇胜，日与文士丘为、裴迪、崔兴宗游览赋诗，琴樽自乐。"

可看出，如果不是因为与王维的亲密关系，裴迪本人和他的诗作，有可能就被历史的烟尘淹没无闻了。

现在我们能看到的裴迪的二十九首诗，其中二十首是王维《辋川集》里的唱和，其他八首是与王维的应酬互答。这二十八首诗，都是作为附件收录在《王右丞集》，才得以流传至今。另外一首《西塔寺陆羽茶泉》，已被专家认定为"伪作"。

仔细阅读王维与裴迪的诗作，可以看出，王维与裴迪的关系确实非同一般的亲密，是一种志同道合的灵魂伴侣，没有一丝的利益勾连和世俗捧场。

他们属于道友兼诗友。他们都信奉佛教，可能还都信奉的是禅宗。他们都喜欢作诗，也擅长作诗，且审美趣味都偏于高古淡雅、宁静深幽。

从他们相互酬和的诗里也可以看出，王维是师长，裴迪是学生。

王维煞费苦心营造的辋川别墅，选择裴迪和自己一起游览，为二十个名胜共同作诗题咏，把这四十首诗集纳成《辋川集》，并亲自作序，传于当世。可以看出，王维对裴迪的器重和苦心栽培。

《辋川集》我觉得不妨看作是王维对裴迪的一对一教学，王维的二十首诗就是老师的"范文"，裴迪的二十首诗就是学生的"作业"。《辋川集》就是诗歌史上"教学相长"的一段传奇和典范。

如果比较分析《辋川集》中王维和裴迪的诗，裴迪确实是继承了王维的衣钵，得到了王维的真传。裴迪的《华子冈》《木兰柴》《宫槐陌》《白石滩》写得很出色，用范大士的话说，就是"亦堪撑住右丞"。

通盘看辋川二十咏，王维毕竟是老师傅，道行深，所写景色，以虚带实，腾挪转换，常有"神光乍现"的妙悟和"飘然而至"的空灵。而裴迪是从实景捕捉入手，贴地而行，偶有跳跃，也有妙悟禅机。

清人潘德舆说得中肯："辋川唱和，须溪论王优于裴；渔阳论裴王劲敌；吾以须溪之言为允。"（《养一斋诗话》）

我曾想，如果没有裴迪，王维是否会有《辋川集》？没有裴迪，我们会否看到王维写给裴迪那些空灵得冒着仙气而又温暖得如沐春风的诗句？如果没有裴迪的心心相印，我们会听到风轻云淡的王维"牢骚满腹"和"内心苦疼"？

当然，我也假设，如果没有裴迪冒着风险去探望安史之乱被囚禁在洛阳的王维,王维会有那首救命诗《凝碧池》?即或有，又怎么能扩散出去"闻于行在"的肃宗皇帝?

安史乱起，叛军占领洛阳，兵逼长安，唐玄宗深夜"出巡"，群臣如鸟兽般四散。史书说当时的给事中王维"扈从不及"，那是春秋笔法的"遮羞"。皇帝压根就没有打算让群臣"扈从",不但没有通知,还生怕他们知道了跟着添累赘。

傻傻地等着早朝的王维等一干朝臣，被叛军俘虏。

唐至德元年（756）六月，王维被武力押解到洛阳，囚于菩提寺。

《旧唐书》说:"禄山素怜之,遣人迎置洛阳,拘于普施寺,迫以伪署。"好像很客气。

但王维自己描述说："勺饮不入者一旬，秽溺不离者十月。白刃临者四至，赤棒守者五人。刀环筑口，戟枝叉颈，缚送贼庭。"可见并非客气，而是受了"老鼻子"罪。

叛军杀人如麻，人人惊恐奔逃。

王维深陷囚笼，死生命悬一线。

当年八月，绝望中的王维迎来了裴迪的探望。

我们可以设想，裴迪要冒多大风险？又要打通多少关节？

两人见面后，共同策划了古代版的"囚歌"，也就是那首救命诗《凝碧池》。

我一直认为这首口头吟诵的诗歌，不是一时的即兴之作，一定是高智商的精心策划。产生的背景，所用的素材，冗长的题目，流传的方式，流传的目标，都拿捏得刚刚好。

王维口头吟诵，裴迪默记于心，才合乎当时情景，也才能保证王维安全。

离开洛阳后，裴迪设法把这首诗传扬出去，但要把握只在"解放区"流传，让朝廷知道王维心向朝廷、忠于大唐，不能在"敌占区"流传，让安禄山恼羞成怒砍了王维。特别要设法传到肃宗皇帝的"行在"，才是根本。

这一系列高难度动作，裴迪都按计划做到了。

唐军光复洛阳，王维被解送长安后，担任伪职的三百多唐朝官员几乎都被定罪，但王维"以《凝碧池》闻于行在，肃宗嘉之。会缙请削己刑部侍郎以赎兄罪，特宥之，责授太子中允"。

杜甫曾经写诗赞扬王维是"高人王右丞"，我觉得裴迪也是一高人。

两个高人演绎出如此大忠大义、至情至性的历史传奇，令人感佩不已，回味无穷。

有论家分析，王维之所以被皇帝宽宥，一是这首诗；二是王维弟弟王缙抗贼有功，愿意削职为兄赎罪；三是韦斌和平恩公主与皇帝的特殊关系。

坊间，也还有说宰相崔圆新宅落成，招王维"使绘斋壁"，暗中帮忙，从宽处理的说法（《集异记》）。

但王缙和平恩公主的相救都建立在裴迪传出那首诗的基础上，就好比你家银行存折上的那个"1"，后面的都是"0"，没了这个"1"，其他的一切都是屁用没有的"0"。

其实，对于喝药装哑巴软抵抗的王维，安禄山不杀头，还要给他"给事中"职务，是讲政治的手腕。他刚刚在洛阳称帝，天下人心难收，急需像王维这样的大才子、大名人为自己装点门面，扩大号召力，收买人心。

同样，唐肃宗宽宥王维，也是讲政治的通盘考量，当时叛乱尚未彻底平息，被俘虏而在叛军中工作的朝廷官员，还有一大批心向朝廷，他们在观望朝廷的态度。宽宥王维，也是发出政治信号，吸引"身在曹营"的人，瓦解叛军的人心。

有趣的是，王维官复原级回到朝堂后，再没有看到他和裴迪的唱和、交游。

是没有，还是失传了？

还是裴迪"事了飘然去，消失五湖中"？

有人根据杜甫的《和裴迪登蜀州东亭送客逢早梅相忆见寄》一诗推猜，晚年裴迪可能在蜀州幕府当差。

但彼裴迪，是此裴迪否？

两位高人创造千古传奇之后，又为我们留下千古悬疑。

知道诗人王维的人很多，但凡读书识字的，大都会背诵几首王维的诗歌。但知道画家王维的人少之又少，见过王维绘画作品的，别说普通人，就是专业画家也是寥寥无几。

在盛唐文艺圈，王维是个全才，诗画双绝，精通音乐，又善悟禅理。写诗的人，说他是天下文宗；绘画的人，说他是文人画鼻祖。他的山水画卷《辋川图》与王羲之的书法作品《兰亭集序》，被誉为书画双璧、稀世珍宝。"画家右丞""书家右军"，被称为书画史上两座高峰。

在中国美术史上，大家公认王维是文人画的鼻祖，是山水画南宗的开创者。他的山水绘画，有理论，有实践，有作品，有地位，有影响，有传承，历来被人推崇为极品、妙品。

《唐才子传》说王维："诗入妙品上上，画思亦然。至山水平远，云势石色，皆天机所到，非学而能。"

《唐朝名画录》把王维列为"妙品上"，说"其画山水、松石，踪似吴生，而风致标格特出。今京都千福寺西塔院有掩障一合，画青枫树一图。又尝写诗人襄阳孟浩然马上吟诗图，见传于世。复画《辋川图》，山谷郁郁盘盘，云水飞动，意出尘外，怪生笔端。尝自题诗云'宿世谬词客，前身应画师'，其自负也如此。慈恩寺东院与毕庶子、郑广文各画一小壁，时号三绝。故庾右丞宅有壁画山水兼题记，亦当时之妙。故山水、松石，并居妙上品。"

在中国美术史上，王维的地位及其影响，丝毫不亚于在中国诗歌史上的地位和影响。

王维晚年对自己的《辋川图》题词时说"宿世谬词客，前身应画师"，调侃说自己上一辈子就是写诗、绘画的。这种调侃中的自负或自矜，是一生低调的王维很少见的自我表扬。

在唐代，能求得王维的画作，那是一件极其荣耀的美事。别说普通百姓，就是贵为宰相，也得看人家王维的脸色。

据说，著名"奸相"李林甫挤走张九龄，独揽大权后，明知王维是张九龄欣赏的才子，王维对张九龄又念念不忘，却没有施展自己的"绝技"给王维"穿小鞋"，就是因为实在想让王维给自己的豪宅画一幅画。

《集异记》曾记载一个逸闻，安史之乱后，王维被迫授伪职，最后能得到宽大处理，除了那首《凝碧池》的诗和弟弟王缙以官抵罪外，也有一个暗中起作用的因素，就是当任宰相崔圆也想让王维给自己私邸画一幅壁画（使绘斋壁），便暗中使劲，促成对王维的宽大处理。

以诗入画，创造意境，以禅入画，追求气象，是王维绘画的独创。不拘泥于形似，不拘泥于时空，意在笔先，主观表达，务求传神，是王维绘画的特色。打破传统的青绿重色、线条勾勒的技法束缚，开创"破墨山水"新技法，是王维在绘画形式上的创造。不仅仅"悦目"而是要"赏心"，给人以精神愉悦，是王维绘画的最终表达。其所著《山水论》《山水诀》，是王维绘画实践的理论总结，被历代画家奉为经典。

王维由此开创了文人画的精神风骨，区别于历代画工的工匠精神。

最有名的例子就是《袁安卧雪图》（又称《雪中芭蕉图》），大雪中芭蕉生机蓬勃，红花盛开，冲击力很强，画思入神，不拘四时，意象万千。但普通画家则诟病说，这不符合现实，雪中不可能有芭蕉生存。

宋代惠洪在其《冷斋夜话》中说："法眼观之，知其神情寄寓于物，俗论则讥以为不知寒暑。"

王维的画，不在笔墨设色上刻意用力，而是以"象外之趣""韵外之致"而取胜，常能使人"会心一笑"而得心灵愉悦甚至震撼。但文人画的大雅、超凡、飘逸，没有一定知识水准和美学趣味，还不一定能欣赏王维的绘画。所以，唐代大众对王维画的评价在吴道子之后，热捧他的主要是文人和贵族阶层。

但到了宋代以后，文人执政地位提高，文人画大行其道，王维的影响和评价已经超过吴道子等人，俨然唐代画坛翘楚。同样才华横溢、诗画双绝的苏轼，很少佩服别人，但十分推崇王维，说"味摩诘之诗，诗中有画，观摩诘之画，画中有诗"。苏东坡的这一"诗中有画，画中有诗"的评论，几乎成为历史对王维的盖棺论定。

苏东坡当年曾经比较研究了吴道子和王维的绘画，他在《凤翔八观·王维吴道子画》中说："吴生虽妙绝，犹以画工论。摩诘得之于象外，有如仙翮谢笼樊。吾观二子皆神俊，又于维也敛衽无间言。"他认为，吴道子的画，是画工之画，有迹可循；王维的画如仙鹤凌空，仰望无瑕，非学所能。两个人都画得好，但对王维更倾服。

难怪，清代高士奇写诗说："东坡生平颇倔强，亦于维也无间词。"

除了苏轼、黄庭坚、秦观、米芾等书画大家尊崇，宋徽宗也极其喜爱王维的画，想尽办法收藏，并题词盖印、品评鉴赏，他是历史上收藏王维画作最多的人。

到了明代，书画双绝的董其昌对王维更是五体投地。每论文人画必称颂右丞为鼻祖，每论山水画，必尊王维为正宗。他在自己的《画旨》中说："右丞以前作者，无所不工，独山水神情传写，犹隔一尘，自右丞始用皴法，若王右军一变钟体，凤翥鸾翔，似奇反正。""文人之画，自王右丞始，其后董源、僧居然、李成、范宽为嫡子。"

明代沈颢也在其《画麈·分宗》里说："禅与画俱有南北宗，分亦同时，气运复相敌也。南则王摩诘，裁构淳秀，出韵幽淡，为文人开山……北则李思训，风骨奇峭，挥扫躁硬，为行家建幢。"

台湾学者蒋勋在《写给大家的中国美术史》里说，王维开创的文人画，"不用太多颜色，不像宫廷画那么艳丽，他们用的主要是墨，所以画面看起来很淡雅"。还说，"他的山水画影响也很大，用淡墨画山水，使得以后一千年间，画山水多用水墨，而不用青绿了"。

王维的画在日本、韩国影响很大，尤其是破墨山水画被广泛传习，已经被认为是中国山水画的标杆。

除了山水画的独树一帜外，人物画王维也另辟蹊径。唐代人物画当时有两大流派：一是阎立本、吴道子举大旗的帝王派，主攻历代帝王将相，画的都是政治人物；另一派以张萱、周昉为首领的仕女派，致力于宫廷仕女，画的都是仪态万方的美女。这些在当时是大众喜欢的潮流。王维的人物画却一反潮流，把画笔倾注在有文化、有建树的学者、智者、高僧身上。他为孟浩然造像，为汉代大儒伏生造像，为得道高僧造像，而且题材和笔法都与流行人物画截然不同，不追求艳丽色彩，不装饰华丽，甚至不苟求构图工整，重在人物的神情风度。

宋代葛立方在《韵语阳秋》中说到王维所画《襄阳孟公马上行吟图》，"观右丞笔迹，穷极神妙，襄阳之状，颀而长，峭而瘦，衣白袍，靴帽重戴，乘款段马，一童总角，提书笈负琴而从，风仪落落，凛然如生"。

王维当时的好多画是画在寺庙、豪宅的墙壁，年久失传。作于绢上、纸上的画作，常常被历代藏家争相收藏、品鉴、临摹，各类题跋、评论、争执，也林林总总，看得人眼花缭乱。有历史记载的王维绘画作品，有《辋川图》《雪霁图》《伏生授经图》《孟浩然像》《黄梅出山图》《袁安卧雪图》《雪江胜赏图》《山居图》《捕鱼图》《雪渡图》《村墟图》《罗汉图》《高僧图》《蜀道图》《剑阁图》等一百二十余件。以山水画最多，宗教画次之。其中《辋川图》《江山雪霁图》等被人称之为"妙品"，《孟浩然造像》《伏生授经图》是其人物画的代表作。

但留存到现在的，只有一件《伏生授经图》是真迹，从宋代开始就是皇家藏品，1925 年从清宫流出，被日本人阿部房次郎得到，带往日本，现藏于大阪市立美术馆。其他的都是后人临摹的"高仿"。有一幅宋人临摹的《雪溪图》藏于台北故宫博物院，有一幅《辋川图》宋代摹本藏于日本圣福寺，还有两个版本的《长江雪霁图》，一件藏在夏威夷檀香山艺术博物馆，另一件藏台北故宫博物院。此外，日本一个私人收藏有王维的《江干雪霁图》，真假说法不一。

《伏生授经图》画的是汉初名儒伏生向晁错传授《尚书》的故事。伏生是对其学问高深者的尊称。秦始皇焚书坑儒后，儒学受伤最重，几乎绝了文脉。西汉文帝时，天下安定，朝廷安排搜集整理各种典籍。当时懂得《尚书》的人，只有九十多岁的伏生一人，为抢救国学，文帝派晁错前去向伏生求教。

据见过《伏生授经图》的专家说，画中的伏生瘦骨嶙峋，头戴方巾，身披轻纱，坐于蒲团上，右手持卷，左手指点，双目圆睁。画作中最为突出的，是伏生那双饱经风霜的眼睛，睿智而温润，让我们能够感到伏生讲经时专注脱俗的神情。

王维在盛唐画坛有许多逸事，最有名的是"看图识乐曲定节拍"。

《旧唐书》记载，一次朋友聚餐，席间有人拿出一幅新得的名画《奏乐图》，吹得天花乱坠，众人也纷纷附和，但可惜都说不出这演奏的什么"曲子"。

这时，王维远远地望着那幅画，淡定地说："这幅画中的奏乐，是名曲《霓裳羽衣曲》的第三叠第一拍。"

在座立马有人不服气，抬起杠来。王维只是笑而不语。

好事者立马出去找饭店老板，叫来乐工，当场演奏。果然演奏到第三叠第一拍时，与画中场景一丝不差。

众人无不佩服其绘画音乐的见识。

但宋代的沈括在其所著的《梦溪笔谈》中，对此一历史记载提出异议："凡画奏乐，止能画一声，不过金石管弦，同用一字耳，何曲无此声，岂独《霓裳》第三叠第一拍也？"

沈括的意思是说，同一个音符，乐队演奏时动作是一致的。任何曲子只要有这个音符，那乐队演奏都会是这个姿势。但他不知道同一个音符在不同的曲子里，乐队演奏时的情态、互动是不一样的。

讲故事的遇到"杠精"，看来还得找来乐队演奏，现场验证。

《酉阳杂俎》里有一段记载，说王维在京城长安常常"点外卖"，一个酒家的小伙计常常送货上门，连带收账。有时等候主人时，就在地上画个人、画个马，被王维发现有绘画天赋，是可造之才，"乃岁与钱二万，令学画十余年"，最后成为一代名画家。这个受到王维指导资助的小伙计，就是唐代画马出名的韩干。

伊世珍的《琅嬛记》说得更邪乎，王维为岐王李隆范画了一幅画，其中巨石巍然屹立。画成，巨石竟破屋而出，飞去。

宋代知名词人秦观，自己有一段观画治病的自述：

"元祐丁卯，余为汝南郡学官。夏得肠癖之疾，卧直舍中，所善高符仲携摩诘《辋川图》视余，曰：阅此可以愈疾。余本江海人，得图喜甚，即使二儿从旁引之，阅于枕上。恍然若与摩诘入辋川，……幅巾杖履，棋奕茗饮，或赋诗自娱，忘其身之匏系于汝南也。数日疾良愈。"

能治病的画，可见真是神品、妙品！

大哥王维

王维年少成名，誉满京华。那首成名作即是写于唐开元五年（718）的《九月九日忆山东兄弟》。

那年王维十七岁，已经孤身一人在长安闯荡两年。世间冷暖，人眼青白，功名渴望，亲情思念，使他尝尽人间百味，从童年的早慧变成少年的早熟。满腹的委屈和辛酸，都化作对兄弟的思念和牵挂。

四句诗句句都是家常口语，朴素到极致。但却句句扎心，弹拨情弦。虽是怀念兄弟，其实浓缩并巧妙表达了人间共有的思亲情感。

明代两个研究王维的大家都姓顾，都对这首诗赞不绝口。顾璘说："真意所发，忠厚蔼然。"顾可久说："情至意新。"

人人都夸诗词好，谁知大哥心中苦？

王维作为大哥，一生都特别顾念兄弟，呵护有加。留存的诗歌里，除了这首诗外，还有《山中寄诸弟妹》《留别山中温古上人兄并示舍弟缙》《林园即事寄舍弟纮》《山中示弟》《别弟缙后登青龙寺望蓝田山》等，抒写对兄弟的挂念、关怀、教诲。临终，最后一篇文章，也是为弟弟王缙乞求还朝的《责躬荐弟表》。

大约九岁时，父亲王处廉死在汾州司马任上，母亲孤寂中笃信佛教。王维作为家中长子，自然要担当重任、撑起家业。他既要当好带头大哥，读书做人为榜样，他还要长兄如父，处处关怀照顾好四个弟弟：王缙、王繟、王纮、王纨。

《新唐书》记载，王维九岁知属辞。他本来天资聪颖，又秉承家学渊源，文采已初露锋芒。父亲的早亡使他更加发奋，冯贽《云仙杂记》曾有王维苦读痴吟以致走入醋瓮的记载。可见他是立了宏愿、发了狠誓的。

十五岁时，王维开始离开家乡蒲州，到长安闯荡，成为我们今天所说的"京漂一族"。

史书上只记述王维这个天才美少年，如何在长安上流社会被王公贵族"拂席迎之"，宁王、岐王、薛王如何"待若师友"，但一个十五岁的少年，孤身一人在京城迈过多少沟沟坎坎才走到这一步？史书不载，自己没写，没有人知道其间的艰难曲折历程。

比王维晚一些的"京漂"杜甫倒是写了自己四处求人的委屈："朝叩富儿门，暮随肥马尘""残杯与冷炙，到处潜悲辛"。

杜甫写了，王维没有写。看不见的伤疤最疼痛，流不出的眼泪最酸楚。

没有受过漂泊煎熬的人，写不出，也读不懂这个"独在异乡为异客"的五味杂陈。

据《集异记》说，王维拜见唐玄宗妹妹玉真公主时，先是弹奏一曲自己创作的琵琶曲《郁轮袍》，后是献上这首《九月九日忆山东兄弟》，博得玉真公主赞赏，推荐他参加京兆尹府试，并暗助他拔得头筹。

二十一岁进士及第，当即入朝为官，总算是为弟弟们带了个好头。后在官场几经沉浮，当到尚书右丞（正四品上），也算是光宗耀祖了。

王缙是大弟弟，与他一样有才名，尤其擅长书法和公文，撰写的《玄宗哀册文》名动一时，被称作精品。比起王维，他世俗，会来事，会当官，先是举"草泽文辞清丽科"及第，授官侍御史。安史之乱平贼有功，深得唐肃宗、唐代宗信任，唐代宗时担任宰相。所以当时有人用"朝廷左相笔，天下右丞诗"来赞誉他们兄弟俩。

二弟王繟后来步两位哥哥后尘，进入官场，最后任江陵少尹。

三弟王纮史无所载，可见无什么成就，也没有入仕为官。

四弟王纨也是功名在身，最后任太常少卿（正四品上）。

兄弟五人，四人当官，大哥王维很欣慰，总算对得起王家世代官宦的世家门第，不辜负父亲的在天之灵。

但当大哥的王维深知官场凶险，既然进入官场，兄弟四人必然是一损俱损、一荣俱荣。

王维内心里不满李林甫的专权弄奸，但他只能做到"不投靠、不同流"，但不能得罪。所以李林甫写诗要他唱和，他明知道李林甫的诗"狗屁不是"，也得奉承"谋猷归哲匠，词赋属文宗"。后人以此诟病王维巴结投靠奸相李林甫，实在是不通人情、不懂官场的"措大之言"。

他是大哥，是家中的顶梁柱，兄弟们都还指靠他提携庇护，他哪敢拂袖而去，得罪官场，他哪能飘然而去，浪迹天涯，他哪会为一己之悲欢、图一时之痛快而任性呢？

他一直向往隐居田园，一直潜心禅宗，但一直"沉吟未能去"。因为"小妹日长成，兄弟未有娶。家贫禄既薄，储蓄非有素"。所以他"几回欲奋飞，踟蹰复相顾"（《偶然作之二》）。

227

大哥的担当精神,大哥的大局意识,一直伴随王维终生。做人为官的原则底线王维也坚守终生。

兄弟五人中, 王维与大弟弟王缙关系最好, 交往亲密。安史之乱, 王维陷贼牢笼, 被迫任伪职, 平叛后, 王缙上表皇帝, 申请削去自己的官职为大哥赎罪, 最终使王维官复原级。王维晚年再三上表皇帝, 乞求免去自己的一切官职, 调弟弟王缙从蜀地回朝廷工作。在历史上留下一段兄弟情深的佳话。

王维的《责躬荐弟表》责备自己的"五短", 夸赞弟弟的"五长":

> 臣弟蜀州刺史缙, 太原五年, 抚养百姓, 尽心为国, 竭力守城, 臣即陷在贼中, 苟且延命, 臣忠不如弟, 一也。
>
> 缙前后历任, 所在著声, 臣忝职甚多, 曾无裨益, 臣政不如弟, 二也。
>
> 臣顷负累, 系在三司, 缙上表祈哀, 请代臣罪, 臣之于缙, 一无忧怜, 臣义不如弟, 三也。
>
> 缙之判策, 屡登甲科, 众推才名, 素在臣上, 臣小言浅学, 不足谓文, 臣才不如弟, 四也。
>
> 缙言不忤物, 行不上人, 植性谦和, 执心平直, 臣无度量, 实自空疏, 臣德不如弟, 五也。

接着, 又祈求朝廷让自己退休让贤, 调弟弟回朝廷工作:

> 臣之五短, 弟之五长, 加以有功, 又能为政。顾臣谬官华省, 而弟远守方州, 外愧妨贤, 内惭

比义，痛心疾首，以日为年。

臣又逼近悬车，朝暮入地，阒然孤独，迥无子孙。弟之与臣，更相为命。两人又俱白首，一别恐隔黄泉。傥得同居，相视而没，泯灭之际，魂魄有依。

伏乞尽削臣官，放归田里，赐弟散职，令在朝廷。

精诚所至，金石为开，唐肃宗读了王维的上表，被兄弟情义所感动，褒奖王维以国事为重、主动让贤并眷念弟弟的友爱嘉行，批准王维辞官，并调王缙到朝廷担任左散骑常侍（正三品）。

王缙从地方进入中央，为此后的入阁拜相奠定了基础。

办完这件大事后，王维自知大限将至，即叫仆人拿来纸笔，写下与弟弟王缙的诀别书，搁笔而逝。

　　王维的婚姻爱情，是古今王维研究专家的冷区，什么时候结婚？搞不清；所娶何人？搞不清；什么时候亡妻？搞不清楚；为什么妻亡不娶？搞不清楚；王维自己的诗文乃至于朋友兄弟的诗文为什么没有一丝有关妻子的笔墨？搞不清楚；王维死后，只说葬在母亲崔氏墓旁，为何不提与妻子合葬之事？搞不清楚；王维诗歌题材很宽，为何爱情诗少之又少？搞不清楚。

　　王维的爱情婚姻生活，留下了大片空白，惹得许多人穷经皓首，也没有弄出个子丑寅卯。如今提笔写这个题目，有点茫然四顾。

　　史书上的记载就一句话："妻亡不再娶，三十年孤居一室，屏绝尘累。"由此可知王维结过婚，三十岁时妻子死亡，再没有续娶，一个人孤居三十年。

　　王维自己的诗文中，有一首《秋夜独坐怀内弟崔兴宗》，还有《送崔兴宗》《送崔九兴宗游蜀》《崔九弟欲往南山马上口号与别》等。由此可知王维的妻子姓崔，有个内弟崔兴宗，和他关系亲密，常在一起游山玩水、焚香参禅，后来也出山当了官。

　　靠谱的说法，就这么多。

当然，民间传说也有许多。

捋了捋，大致故事是这个样子：

话说，王维老家本来在祁县，为了家族后代的前程，他父亲举家搬迁到蒲州，也就是今天的永济。蒲州城不大不小，但地处黄河渡口，又在长安、洛阳之间，商旅繁华，文化兴旺。尤其是此地醋业发达，家家酿醋，满城醋香。

王维少年苦读，常常不分昼夜，有一次深夜在月光下一边背诵诗书一边遛弯，因初来乍到，不熟悉周边情况，一不小心跌入邻居家的醋瓮，受惊加风寒，就病了。

郎中把脉后开了药方。王维自己拿着药方去买药，可巧掌柜不在，掌柜的女儿紫云姑娘在当班。

王维在旁观察，紫云姑娘眉清目秀，口齿伶俐，手脚轻快。各类药方上老中医那些鬼画符似的字，她都能一一认清，并从几排大药柜的格子里，一找一个准儿。

王维搬迁到蒲州后，就打听此地闻名的才子有哪些，似乎有人提到有一个药铺掌柜的女儿才学出众。今日见此紫云，就想试探是否就是眼前这位。

王维走到柜台前，说："我今日来得匆忙，忘记带药方了，我说给你听吧。"

紫云姑娘笑着说："公子你不用急，慢慢说吧。"

王维说："第一味是'酒阑宴毕客何为'。"

紫云姑娘一惊，这是遇到硬茬了，抬头盯着王维答道："哦，那就是当归。"

王维又说："第二味是'艳阳牡丹妹'。"

紫云姑娘说："那是芍药红。"

王维提高难度一口气说了三味药名："第三味是'出征在万里'，第四味是'百年美貂裘'，第五味是'八月花吐蕊'。"

紫云姑娘，想了想说："知道了，那就是远志、陈皮、桂枝，本店都有。"

王维接着说："最后一味是'黑夜不迷途'。"

紫云姑娘听完，沉吟了一会儿，抿嘴一笑，答道："这个是熟地，加上这一味，才不会走入醋瓮。"

王维一听，知道话中有话，先羞红了脸。

吃了药，王维身上的风寒倒是治好了，但心里却新添了相思病。相思难耐，就写了一首诗，派人递给紫云姑娘：

二者缺一真可叹，书房偏又无石砚。

金童身边少玉女，晴天无日烦心添。

紫云姑娘一看，就明白王维的心思了：诗中的"二者缺一"，是指"一"；"书房偏又无石砚"的砚字去"石"便只剩"见"；"金童身边少玉女"一句中，金童二字合起来刚好是个"钟"字；"晴天无日烦心添"一句中，晴天无日便是"青"，烦心添便是"情"。合起来就是"一见钟情"。

紫云姑娘自打王维一家搬来蒲州，就留意这位王家公子的种种传闻，知道家世显赫，相貌堂堂，才华出众，刚听说他误入醋瓮，不想竟然就遇到他前来买药。那天猜谜斗智，几个回合，竟然心生爱意。看到王维的诗，正好撞上自己的心思。当即写诗答复王维：

一月一日喜相逢，二人结缘去问僧。

竹林深处见古寺，伊刚张口人无踪。

王维一看，"一日一月喜相逢"隐藏的是"明"字，"二

232

人结缘"说的是"天"字,"竹林深处见古寺"便是个"等"字,"伊刚张口人无踪"指的是"君"字。这四句诗的答复就是:明天等君。

才子佳人私自约会,暗定终身。

新婚之夜,新娘想起当年王维在药铺给她出的难题,就有意逗他一逗。当王维送走客人,喜滋滋要进入洞房时,紫云姑娘却挡在门口:"我出一上联,对得上再入洞房,'一幅古画,龙不吟,虎不啸,花不芬芳,猿不跳,笑煞蓬头刘海',请夫君赐教下联。"

王维一时语塞,酒醒了一半,急忙搜肠刮肚,一回头,见院中石桌上有盘残棋,灵机一动对出了下联:"半局残棋,马无主,车无轮,卒无兵器,炮无声,闷宫束手将军。"

紫云姑娘躬身长揖:"官人请进,娘子佩服。"

这则故事虽然绘声绘色,有鼻子有眼,其实是民间演义,评书噱头,一点儿也不靠谱。

唐代虽然开始科举选官,打破世家大族的官场控制,但社会世俗依然还是身份社会,世家大族的"五姓七家"仍是大家公认的贵姓,在社会上享有崇高威望。

王维就是"崔、李、卢、郑、王"五大姓中的太原王氏的后人。他父亲娶了博陵崔氏,是大姓与大姓的联姻、豪门对豪门的盛宴。他又是家中长子,又是状元在身,怎么可能娶一个药店掌柜的女儿为妻?况且,王维也不是那种"见色动春心,伸手就撩妹"的货色。

初唐的宰相薛元超,很想娶一个五大姓的女子为妻,但五大姓很傲慢,只限于五姓之间内部通婚,以保持高贵血统。薛元超只好仰天长叹:"此生所遗憾者,未能娶五姓女!"

据说，文宗皇帝曾向宰相郑覃求婚，希望郑覃能把孙女嫁给皇太子，却遭郑覃婉拒，他宁肯把孙女嫁给一个九品小官"崔某某"。文宗皇帝很不爽："民间修婚姻，不计官品而尚阀阅。我家二百年天子，顾不及崔、卢耶？"（《新唐书·杜中立传》）

也有传言说，唐玄宗的妹妹玉真公主暗恋王维，秋波频送，但王维觉得不合自己贵族血统，就是不来电，不给力，坚持回老家娶了娃娃亲"崔氏"，惹得公主翻脸，修理他，才弄出个"伶人舞黄狮子"事件。

王维的父母都是大姓贵族，豪门出身，就出身来讲，王维恐怕是盛唐诗人中地位最高的。王维之所以在上层社会受到热捧，除了多才多艺外，他的贵族出身和优雅风度，也是一个重要原因。他的妻子崔氏，应该也是母亲崔氏一族的贵族子女，他的婚姻也是继承了父亲"王崔联姻"的传统，豪门贵族强强联合。从他的内弟崔兴宗的做派风度，也可推知家族背景非比寻常人家。

王维什么时间结婚，史书无记载，王维乃至兄弟朋友也没有写。妻子什么时候去世，根据"孤居三十年"推算出大约在唐开元十六年（728），王维三十岁时。死亡原因，有病逝说，有难产说。

亡妻之后，为何没有续娶？按道理王维是长子，"不孝有三，无后为大"，没有子嗣，在他这个家族是很要命的事，就是他不想续娶，家族长辈也会做主张罗的。况且在那个时代别说续娶，三妻四妾也是正常不过的。

有人说是信佛的原因，其母和王维都笃信佛教，所以没有再娶。但佛教并无禁止结婚的戒条，唐代佛教盛行，信佛的人很多，没有几个因信佛而独身的。

234

也有说因对亡妻的深情，而终生不再续娶。但王维的诗文中没有任何怀念、悼亡之作，使人好生纳闷。他和弟弟王缙、内弟崔兴宗时常一起游玩，一起诗词唱和，竟没有一句半句提到这个"王夫人"。也许，无言的爱才是最深情的爱，不着一字，才尽得风流。

当然，也有"好事者"猜测说，王维可能是"同性恋"，所以对女人不感兴趣，也不再婚，也不写爱情诗。果如此，野史笔记早该大做文章了，为何一丝印记都没有？

唐代是个很开放的时代，皇室家族风流成风，世俗社会在男女风情方面也呈开放姿态。科举进士及第的考生，大都要到歌馆妓院庆贺，考不上的考生，还会受到妓女嘲讽和奚落。据说，罗隐落第后遇到熟悉的妓女云英，便被奚落"罗秀才犹未脱白"，他也只能自嘲："钟陵醉别十余春，重见云英掌上身。我未成名卿未嫁，可能俱是不如人。"

王维作为状元及第，却没有"一日看尽长安花"的风流快活，他本人没有任何有关及第后庆贺的诗文，朋友之间也没有对其致贺恭喜之类的诗。同年进士及第并非他一人，集体寻欢作乐活动也没有他的印迹。

王维出身高贵，家世显赫，多才多艺，形象俊美，风度儒雅，性情温和，久居朝堂，名满天下，应该是"五星级的钻石王老五"。妻子亡故，即或是自己要独身，想必说媒提亲的也会踏破门槛，暗送秋波的美眉也不会少。

但王维就这么扛得住，放得下，孤居一室三十年，无牵无挂飘然去。

在盛唐诗坛、画坛、乐坛、佛坛，横跨穿错，留下许许多多传奇佳话，正史、野史、笔记、小说，有关他诗词文章、绘画音乐、参禅礼佛的奇闻逸事很多，但唯独对他的婚姻生活无案可稽，男女绯闻无影无踪，风流情诗一字不留。

王维是如何让当时所有人对自己的婚姻爱情不议论、不猜测、不八卦呢？正如他擅长的绘画技法"留白"一样，给人无穷遐想。

难怪杜甫要称赞王维是"高人王右丞"！

《郁轮袍》里藏乾坤

王维十五岁闯荡京城，谋求功名，欲登朝堂。自恃才高八斗的王维自然要走"科举入仕"的正途。

唐朝的科举制度规定，要参加尚书省的科举考试，先得通过地方政府组织的考试，选拔过关后，由地方政府保举到京城参加科举考试。

另外，唐朝的科举还保留了汉代以来的"誉望风气"，主考官并不完全按卷面的考试成绩定等级，还要参考考生的过往作品、社会声誉、士林知名度，还有就是名家大腕的推荐，综合评判，决定等次。

所以，科举考试之前，考生们都要拿着自己的代表作四处寻找达官贵人、文坛泰斗、学界名人，求得"点赞"，博得声望，最好能直接推荐给主考官，这在当时是普遍的、公开的"高考铺垫"，行话叫"行卷"。一次不行，再送作品求推荐，就叫"温卷"。

唐代诗歌兴盛，科考又重视诗赋取士，所以唐代投赠的"行卷"，多以诗歌为主，我们今天读到的许多唐诗名篇，比如王昌龄的《出塞》、张继的《枫桥夜泊》、朱庆馀的《闺意》，都是当时的"行卷诗"。

王维要参加进士科举，首先就得参加京兆尹的选拔。当然也找门子、送"行卷"，他找的是大名鼎鼎的岐王李隆范，也就是当朝皇帝唐玄宗的弟弟。这岐王除了王爷的特殊身份外，也颇有文艺才能，在圈里也算是重量级人物。看了王维的"独在异乡为异客""红豆生南国"，拍拍肩膀说："我挺你！"

王维信心满满地回去温习功课了。

不几天，有小道消息传出，说唐玄宗的妹妹玉真公主保举一个叫张九皋的为今年京兆尹府试解头（第一名）。

王维顿时慌了，就跑到岐王那里打听真假。

岐王一听，沉吟了一阵，说："玉真公主虽是我妹妹，但她和皇上才是一个妈生的，我们不能顶着她来，你附耳过来……"

岐王和妹妹玉真公主一样，都热爱文艺，尤其喜欢诗歌、绘画、音乐，经常组织文艺沙龙，举办小型演出。作为哥哥有什么新诗歌、新曲子，都会找这个妹妹分享。

一天，他带着自己家的乐队，到妹妹玉真公主的府上交流演出。乐队刚坐定，玉真公主看见乐队领头一个男子"风姿俊美""顾盼有神"，就多看了几眼，这一看不打紧，让玉真公主春心波澜阵阵涌起，只见这人长得玉树临风，气质高雅，衣着也素净脱俗，怀抱琵琶，手指轻抚，气定神闲。

岐王一看这架势，立马指着王维介绍给公主："这个不是一般的伶人，是我的朋友王维，太原王氏家族的公子，诗歌、绘画、音乐无一不精，其爷爷王胄在世时曾经担任朝廷的协律郎，算是音乐世家，新近创作琵琶曲《郁轮袍》，不同凡响，我特带他来请公主品评。"公主摸着红红的脸庞说："那就快快弹给我听吧。"

王维早有成竹在胸，一听令下，便十指飞动，尽情挥洒，霎时仙乐飘飘，令听者个个如醉如痴。

一曲终了，玉真公主在众人的掌声中一把拉过王维，让他坐在自己身旁，亲切地问三问四、嘘寒问暖。王维趁机又拿出自己的"行卷"给公主，公主一看惊喜地说："哇噻，我平常读过这几首诗，还以为是古人的诗，原来是你的。这水平考个状元没一点儿问题。"

这时，岐王笑嘻嘻地插进来说："有人说妹子你已推荐张九皋当今年京兆尹的解头？"

玉真公主扭头看着哥哥说："不要提那个张九皋，我立马让人告诉主考官，今年京兆尹的解头，我保举身边这个他！"

岐王立马给王维递眼色。

王维离席起身，走到公主对面，深鞠一躬，跪拜称谢。

考试结束，果然王维"举解头中第"。

这段故事在《新唐书》《唐才子传》《集异记》等都有记载，后来的专家有人"信以为真"，也有人"怀疑有假"，但大家都公认王维是大音乐家。明代人王衡据此编撰了讽刺喜剧《郁轮袍》，剧情说的是：不学无术的王推冒王维之名谬得状元的名头，后来真相大白，状元之名仍归王维，而王维却因此看透了官场的黑暗，挂冠隐居了。

那首轰动一时的琵琶新曲《郁轮袍》已经失传。王衡的《郁轮袍》剧本今天还能看到，只是很少有人知道这档子戏了。王维那首"京城高考状元的高分作文"《赋得清如玉壶冰》，倒是有幸保存了下来。全诗围绕玉壶藏冰，通过比喻、反衬等手法，讴歌呼唤冰清玉洁的高尚情操，不妨一读：

藏冰玉壶里，冰水类方诸。

未共销丹日，还同照绮疏。

抱明中不隐，含净外疑虚。

气似庭霜积，光言砌月余。

晓凌飞鹊镜，宵映聚萤书。

若向夫君比，清心尚不如。

官样文章的花样

　　唐朝的早朝制度是这样的：五品以上的京官及监察御史、员外郎、太常博士，每天卯时到大明宫上早朝，面听圣训，面奏政见，这叫"常参"，也就是我们现在说的"例会"。每月的初一、十五，早朝则扩大范围到九品以上官员，这个叫"朝参"。还有一种，就是每年元日和冬至，举行大朝会，规模宏大，仪式繁杂，参加人员除官员外还有王公贵族、外交使节等。

　　王维久居官场，又一直在朝中任职，参加早朝的机会自然很多，写早朝的应酬诗也多。这类官样文章要写出新意、写出水平，对诗人是个考验。王维写早朝的诗，留存下来的除了《和贾舍人早朝大明宫之作》被人称道外，还有三首写得很不错，对早朝的场面、情景、气氛，描写得画面感十足，技法、意境都有可圈可点之处。

　　唐天宝元年（742），几经宦海沉浮的王维已经四十二岁。这年春天，当权的李林甫虽知道他是政敌张九龄欣赏的干部，但念其有才华、有资历、声誉又好，就论资排辈给他安置一个左补阙的职位，进入门下省。

从张九龄被罢相赶出朝廷后就一直倍感压抑的王维，这时心情稍稍舒展一些。

但这个部门要轮流在衙署值夜班，以应对朝廷紧急事务。

某一天，王维值完夜班，刚好早朝，王维兴致正好，挥笔写了一首《春日直门下省早朝》：

> 骑省直明光，鸡鸣谒建章。
> 遥闻侍中佩，暗识令君香。
> 玉漏催铜史，天书拜夕郎。
> 旌旗映阊阖，歌吹满昭阳。
> 官舍梅初紫，宫门柳欲黄。
> 愿将迟日意，同与圣恩长。

春日拂晓，鸡鸣之时，远远地就能辨别出侍中的玉佩声，天色虽暗，也能识别出不同官员衣服的熏香。宫女掌握的玉漏通报早朝时辰已到，皇帝的圣旨已颁给起草的黄门侍郎。飘扬的旌旗辉映着皇宫，宫殿四处是音乐歌舞，我值班的官舍里梅花初绽露出紫色，宫殿门口的柳枝已染上嫩黄。这春天的白昼越来越长，但愿它与皇恩一样越来越长。

不愧是诗画圣手，读这首诗，一幅早朝画面便徐徐在眼前打开：拂晓的曙色，悠长的鸡鸣；叮叮当当的玉佩声，等级分明的朝服色香；玉漏的报时，皇帝的颁诏；旌旗飞舞，歌声飘扬；官舍的梅花初紫，宫门的柳叶嫩黄。画面层次丰富，摇曳生姿；有声音，有色彩，有气味，有内景，有外景，有近景，有远景，让人犹如身临其境。

刚受到提拔，进入门下省，成为皇帝近臣，这种自得自喜，不言而喻。一切景语皆情语，那"初紫"的梅花，"欲黄"的柳枝，是讴歌春天的勃勃生机，也是抒发王维内心的隐秘渴望。最后那句，呼唤皇恩浩荡，结题歌功颂德。

王维还有一首《早朝》诗，写得很苍凉、深沉：

皎洁明星高，苍茫远天曙。
槐雾郁不开，城鸦鸣稍去。
始闻高阁声，莫辨更衣处。
银烛已成行，金门俨驺驭。

明星高挂，天边微露曙色，槐树上罩着浓雾，乌鸦惊叫而去，高高的阁楼上传来报时声，臣子们更换衣服等待早朝，银色蜡烛已经点亮，宫门外的车马成排成行。

全部写景，作者不露声色，但全诗笼罩着深秋的悲凉和肃杀。与上面一首比较，就可以看出季节的变化、作者心境的不同。

这首诗的写作时间一直没有定论，专家们把它归到未编年类。根据诗意推测，应该是张九龄被李林甫排挤出朝堂后，政治气氛压抑，"槐雾郁不开，城鸦鸣稍去"，是景语，也是映射。李林甫大权独揽，官员们明哲保身。唐玄宗深居宫中不理朝政，官员们难得一见，不知道他的政治指向。"始闻高阁声，莫辨更衣处"，很值得玩味，也许就是王维当时的心理写照，代表着一大拨朝廷官员的迷茫和忧虑。

王维另外一首早朝的诗，更值得说道说道。

这首早朝诗，写作的具体时间，各种选本都把它归类于年代不详。诗的题目也叫"早朝"，诗是这样写的：

柳暗百花明，春深五凤城。
城乌睥睨晓，宫井辘轳声。
方朔金门侍，班姬玉辇迎。
仍闻遣方士，东海访蓬瀛。

首联两句，从大处落笔，写杨柳春风、百花盛开的皇宫；颈联两句写早朝路上的细节，早起的乌鸦在宫城围墙的矮垛上探头探脑，宫内传来辘轳汲水的声音；颔联用侧面烘托的手法写皇帝的临朝，亲信大臣早早侍候在"金门"，宫中妃嫔花枝招展地簇拥着皇帝的玉辇款款而来；最后一联，笔锋一转，写皇帝还在劳民伤财地派遣方士到东海去拜访仙山，求取长生不老之药。

唐诗中写早朝的诗很多，但像这样不按规矩"歌功颂德"，还胆敢讽刺皇帝的，少之又少。

从王维写的几首早朝诗看，我推测这首诗的写作时间应该是在安史之乱前夕。

当时，唐玄宗在位时间已久，不思进取，沉溺享乐，不仅喜欢歌舞升平、陶醉杨玉环的美色，还笃信长生不老之术，四处派方士求仙访药。正直、敢言、赏识王维的张九龄等人被逐出朝堂，李林甫、杨国忠之流把持朝政；安禄山手握兵权，割据一方，要造反的苗头已经暴露。大唐王朝已危如累卵，但唐玄宗听不进逆耳忠言，还在醉生梦死。早朝所议的大事，也许就是怎么派方士求取长生不老的丹药。所以，一向低调的王维才愤然写道"仍闻遣方士，东海访蓬瀛"。

王维性格温和，为人中庸，写诗从来都是温柔敦厚，但政治上还是比较清醒的，存有骨子里的正直和道义。他

244

能从早朝诗的歌功颂德规矩中，突变为"讽喻"，可以看出他对"朝事日非"的焦急和忧愤。后来的历史发展也验证了这个问题的严重性和顽固性。

从唐玄宗以下，一直到唐朝灭亡，历任皇帝都喜欢寻求长生不老之道，有好几个皇帝就是死于丹药之毒。

唐宪宗宠信方士，四处求取长生不老药，服药后性情变得喜怒无常，常常责杀身边的宦官，气急了的宦官，合伙把唐宪宗毒死了。

接下来的唐穆宗也和乃父一样，痴迷方士的长生不老药，四处求仙访药。结果，长生不成反而三十岁就早早驾崩。

继任的唐敬宗是个浪荡天子，喜欢花天酒地，结果喝完酒上厕所时，被不得宠的宦官杀了，才十八岁。

接班的是唐文宗，本来想联合朝官收拾宦官，不料泄密了，让宦官先下手，囚禁了这个皇帝。

唐文宗死后，接任的唐武宗又开始宠信方士，秘制丹药。服用方士们炼制的丹药后，暴躁异常，寝食难安，已经是中毒有病，方士却骗他说，这是要"换骨"，要他坚持就是胜利。结果，又活活被仙丹毒死。气得当时的诗人李商隐写诗挖苦："瑶池阿母绮窗开，黄竹歌声动地哀。八骏日行三万里，穆王何事不重来？"

装傻充愣的唐宣宗骗过宦官继位后，大展拳脚，把朝政处理得像模像样，还把当年欺负并谋杀自己亲生母亲的郭太后逼死。可惜，也是热衷长生之术，也是吃了方士的仙丹，背上生毒疮，呜呼哀哉。

中国皇帝从秦始皇到汉武帝一直到清朝，都逃不掉贪生怕死的心态，都跳不出求仙、求佛谋求长生不死的怪圈，一旦登上九五之尊，就开始宠信方士，热衷炼丹，耽误朝政，劳民伤财，有的还走火入魔，中毒而死。

王维的几首早朝诗，从满怀希望的歌颂到悲凉迷茫的忧虑，再到突破规矩的讽喻，折射出大唐王朝的没落和不堪，也反映了王维对官场的失望。

生老病死，自然规律。养生、保健，科学有度。不执不妄，才为正道。读至"仍闻遣方士，东海访蓬瀛"，想到一些人滥食野生动物、迷信各类神医神药，不觉"惕然而惊"。

西施何曾有人知

一

　　古代四大美女，西施排在首位。据说她在浣水里浣纱，鱼儿看见她的美貌都忘记游水，"咣当"，沉水底去了。

　　四个绝色佳人，被文艺作品歌颂最多的也是西施，大都赋予她家国情怀、英雄救国的美谈。

　　但仔细想，在越王这里，西施是救国英雄。在吴王那里呢？不就是祸国妖精。

　　一个国家之兴亡，系于一个小女子，这恐怕也太夸张了点！

　　在唐代，罗隐就别出心裁为西施鸣不平：

　　　　家国兴亡自有时，吴人何苦怨西施。
　　　　西施若解倾吴国，越国亡来又是谁？

二

除了罗隐这首《西施》别出心裁，我还喜欢王维的《西施咏》，别有深意。

王维生活在盛唐开元天宝时期，四大美女之一的杨玉环，王维可是近距离见过她的"回眸一笑百媚生"。

可作为大唐宫廷诗人的王维，放着近在眼前的美女不写，偏要写那个八竿子打不着的西施。不会拍马屁的死脑筋，还不如李白，人家李白还知道写个"云想衣裳花想容"歌颂杨贵妃呢。

王维这首《西施咏》写于什么时间？有人说写于他在吴越任职期间，实地考察有感而发。但也有专家对他是否在吴越任过公职有疑义。

有人说写于唐天宝十二载前后，杨贵妃得宠后宫，杨国忠跋扈朝堂，他是借西施讽刺杨玉环兄妹。

诗是这样写的：

> 艳色天下重，西施宁久微。
> 朝为越溪女，暮作吴宫妃。
> 贱日岂殊众？贵来方悟稀。
> 邀人傅脂粉，不自著罗衣。
> 君宠益娇态，君怜无是非。
> 当时浣纱伴，莫得同车归。
> 持谢邻家子，效颦安可希！

248

这首诗一反历来的歌颂西施以身报国，而是微含贬义、暗带讽喻。

天下人的重色，尤其是国王的好色，才使美女西施"一夜显贵"：朝为越溪女，暮作吴宫妃。

贫贱时在溪边浣纱，也是普通百姓，一旦选作王妃，便娇贵起来，要人侍候化妆穿衣，尽享荣华。

尤其是君王宠爱，西施一切都是完美，西施什么都是正确。

身份显贵后的西施，已经忘记了当年一起浣纱的同伴，哪还会有同车而归的可能。

最后奉劝邻家的"姐妹们"，不要模仿，不要效颦。

全诗用词平淡家常，寓意似浅实深。

明代钟惺说："情艳诗到极深细、极委屈处，非幽静人原不能理会，此右丞所以妙于情诗也。彼专以禅寂闲居求右丞幽静者，真浅且浮矣。"

黄周星说："既有'君怜无是非'，便有君憎无是非矣，语有意外之痛。"

沈德潜则说："写尽炎凉人眼界，不为题缚，乃臻斯诣；入后人手，征引故实而已。"

结合王维自己的身世和当时的政治生态，可以看出这首《西施咏》，确实是王维借古讽今的牢骚语。

三

自小看了许多文学影视作品，西施浣纱，在我的记忆里是这样的场景和画面：青青的河边，云雾缭绕，美女西施洗涤着那曼妙的轻纱。

最近到浙江诸暨苎萝村西施故里，站在浣江岸边那块据说是西施浣纱的石头旁，才知道西施当年浣纱，原本是一种苦累的体力活：就是把当地山上的苎麻砍下来，将其茎皮的纤维漂洗出来，用于织布结网。

原来西施是个苦命的劳动人民，浣纱是辛苦挣饭吃的营生，所谓诗意，都是文人的臆想。

浣江水边，浣纱石的对面，当地人搞了一组雕塑《浣纱女》，一群越女在水边洗衣服，情态各异，个个美貌。看来大众已经被洗脑，不愿意接受浣纱的"苦累"，宁愿接受洗衣服的"家常"。

从浣纱石拾阶而上，有一处"西施庙"，是后人为纪念这位"功臣美女"而建。

从李商隐的"西子寻遗殿，昭君觅故村"可以看出，至少在唐代就有西施庙了。据当地人讲，明代的西子祠规模很大，香火也很旺。后来屡次兴废，抗日战争期间，炮火把西施庙炸得只剩后殿一个角。

目前的西施庙是 1986 年新建的，占地五千平方米，设有门楼、西施殿、古越台、郑旦亭、碑廊、红粉池、沉鱼池、先贤阁。西施殿建筑很漂亮，虽然是 1986 年兴建，1990 年完工，但用的材料却是从民间征集来的老物件，梁柱、门窗、斗拱、擎枋、雀替，都是民间精品集萃，材质优良，工艺讲究，雕刻精美，很有历史韵味。设计上结合了传统宫殿和祠堂的形制，把主殿台基抬高，配以拱桥做中轴。

整个建筑俊俏、雅致、庄重，符合大众对西施的历史审美传统。

西施殿里引人瞩目的除了正殿里的西施雕像，恐怕就是东西两侧厢"忍辱负重""以身许国"几个大字。

凝望着这几个笔力遒劲厚重的大字，不由使人冥想：西施被越王勾践选定做"美女间谍"，当作颠覆吴王夫差的利器，西施是甘心情愿呢，还是被迫无奈呢？西施最终的结局是随范蠡云游五湖，还是被越王沉溺江底？

一个山里姑娘去当国王的后宫娘娘，并被赋予"救国重任"，西施是英雄，还是糖弹？

法国作家大仲马说："历史只是一枚用来悬挂小说的钉子。"

英国剧作家莎士比亚说："一千个读者眼中就有一千个哈姆雷特。"

武侠小说泰斗金庸说："西施怎样美丽，谁也没见过，我想她应该像夏梦才名不虚传。"

历史洪流裹挟下的西施姑娘的本来面目，已经无人知，也不重要，流传千古的西施故事和林林总总的文艺作品，都无非是权谋的棋子、民间的八卦或大仲马说的"钉子"。